라이프 아티스트
Life Artist ● ライフアーティスト絆創膏

라이프 아티스트

초판 1쇄 발행 2021년 3월 1일

지은이 윤호전
영어 번역 프레샨트 칙갈라 박사
일본어 번역 강인혜, 윤성화
화가 박신영
펴낸이 장길수
펴낸곳 지식과감성#
출판등록 제2012-000081호

디자인 이현
편집 이현
교정 김연화
마케팅 고은빛, 정연우

주소 서울시 금천구 벚꽃로298 대륭포스트타워6차 1212호
전화 070-4651-3730~4
팩스 070-4325-7006
이메일 ksbookup@naver.com
홈페이지 www.knsbookup.com

ISBN 979-11-6552-741-9(03810)
값 22,000원

ⓒ 윤호전 2021 Printed in Korea

잘못된 책은 구입하신 곳에서 바꾸어 드립니다.
이 책의 전부 또는 일부 내용을 재사용하려면 사전에 저작권자와 펴낸곳의 동의를 받아야 합니다.

홈페이지 바로가기

삶이 예술로 바뀌는 터닝포인트
라이프아티스트

글로벌 도서 힐링에세이
제32회 히로시마문예 참가작품

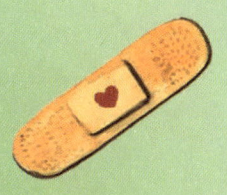

윤호전 지음

지식감정

다짐

윤호전

작가 소개

윤호전은 '맨땅에 헤딩' 전문가이다. 98년 일본에서 아르바이트를 하며 공부를 했다. 돈은 없지만 새로운 도전과 자유여행만은 항상 즐겼다. 대학교 2학년부터 통역 일을 시작하면서 일과 학업을 병행했다. 2002년 해외방송 아리랑 TV 조연출로 방송계에 입문했다. 롯데그룹에서 빼빼로, 초코파이, 월드콘, 나뚜루 아이스크림을 해외로 수출했으며, 난타 및 정동극장 해외공연을 통해서 전 세계 많은 나라를 다니게 되었다. 경영대학원 MBA 출신으로 토마스 바흐 IOC 위원장 및 전세계 언론에서 가장 성공적인 올림픽으로 평가받은 2018평창동계올림픽 홍보기획 업무를 담당했으며 일본, 뉴욕, 공연, 관광, 해외 언론 전문가이다.
매일매일 실패의 삶에도 절대 포기하지 않고 감사와 기쁨이 넘치는 삶을 최우선 목표로 삼고 있다.

작가의 말

인생이 끝난 것 같은 순간 앞에서도 피해자가 아니라 창조자로서 살 수 있음을 깨달았다. 새로운 인생을 디자인하고 삶을 리모델링하는 아티스트. 우리 모두는 이 세상의 유니크한 아티스트다. 우리 다 같이 포기하지 말고 새로운 삶을 디자인해 보자. 더 멋진 삶이 펼쳐진다.

다짐 contents

#		페이지
#1	끝만 좋을 수 있다면 내 마음이 타들어 가도 상관없다	8
#2	라이프 아티스트	9
#3	아무리 힘들어도 창조자로 살 것이다	10
#4	인생의 사건 사고 포인트에서	11
#5	당신의 무관심과 불친절은 저의 선생님입니다	12
#6	절대 망하지 않는 법	13
#7	너무 싫은 사람에게 사랑을	14
#8	지금 잘 안 되고 있더라도 되어 가는 과정이라면 그게 축복이다	15
#9	나쁜 말 귀마개	16
#10	변화는 작은 일부터 시작할래요	17
#11	인간적인 친구	18
#12	월요일 신드롬	19
#13	지금 이상한 답변은 하지 마세요. 잠시 멈추세요	20
#14	그냥 그저 그런 사람들 대처방법	21
#15	용서할 수 있을까? 용서를 구할 수 있을까?	22
#16	대화	23
#17	팀장님 말씀은 항상 옳다!	24
#18	역지사지	25
#19	연락도 없고, 답변도 없네요	26
#20	너무 상식적인 거라서 말을 꺼내기가 조금 그래요~	27
#21	이제부터는 하고 싶은 공부를	28
#22	포기하고 싶을 때 생각하고 싶은 것	29
#23	나(너)에게 쓰는 편지	30
#24	세상 부러울 게 하나도 없다	31
#25	메이크업 하나도 안 해도 예쁜 사람	32

#26 싱싱한 글	33
#27 나는 지금이 중요하고 미래를 꿈꾸고 있다	34
#28 사람을 부르는 호칭이 안 중요하다고요?	35
#29 인사도 제대로 못 하는 그대에게	36
#30 그냥 싫다고 얘기하는 사람	37
#31 오~ 다양하고 좋은데요	38
#32 환영합니다! 불편한 마음들	39
#33 40대 남자 셋이 글 쓴다고 무시하지 마라	40
#34 진상 동료	41
#35 잠시 혼자 있겠습니다!	42
#36 오늘 한 가지 지키고 싶은 것이 있다면?	43
#37 인생은 세렌디피티! Serendipity	44
#38 인생에서 이것만은 매일 해 보고 싶다!	45
#39 씽크 디퍼런트, Think Different!	46
#40 고통의 포장지	47
#41 지금까지 직장생활은 어땠냐고요?	48
#42 행복했던 일은 셀 수 없이 많고 불행한 일은 셀 수 있을 만큼 적다	49
#43 이렇게 소통하고 싶다	50
#44 춘천 가는 기차에서	51
#45 행복, 해피니스	52
#46 이별을 준비하는 자세	53
#47 사랑렌즈	54
#48 어떻게든 살아야 한다	55
#49 눈부시게 아름다운 기다림	56
#50 절대 빠지는 거 없는 인생게임	57

#1   끝만 좋을 수 있다면 내 마음이 타들어 가도 상관없다

끝이 좋고 싶은데 자꾸 딴생각이 나요
처음 시작할 때는 끝이 좋아야 한다는 마음을 갖지만
끝이 되면 자꾸 딴생각이 나요

끝이 좋고 싶은데 나쁜 마음이 작동할 때가 있어요
자꾸 관계를 틀어지게 하는 심술을 부릴 때가 있어요

다행히 나는 이게 오작동인지 알아요
그래서 최대한 하던 모든 일을 내려놓고
심호흡에 들어갑니다

하나 둘 셋 넷 다섯 여섯

숨 깊게 들이마시고 다시

하나 둘 셋 넷 다섯 여섯

시작은 안 좋아도 상관없어요
중간도 그럭저럭 중간 정도만 하면 좋겠어요
끝만 좋을 수 있다면 내 마음이 타들어 가도 상관없어요
끝이 좋아야 새로 시작할 수 있으니까요
같이 해 보실래요?

#2 라이프 아티스트

아티스트에는 글을 쓰는 작가, 곡을 쓰는 작곡가, 프로그램을 만드는 엔지니어, 그림을 그리는 화가만 있는 것이 아니다

삶을 디자인하고 인생을 설계하는 라이프 아티스트

아픔이 있는 곳에 생명을 불어넣고 낙심한 친구에게 비전을 제시하고 이미 하늘을 날고 있는 친구에게 우주까지 날아갈 수 있도록 로켓을 달아 주는 라이프 아티스트도 있다

멋지지 않나요?

나는 바로 라이프 아티스트예요
단 한 번뿐인 인생 사람들과 같이 훨훨 날고 싶어요
제한과 선입견이 없는 곳으로 다 같이 날아갈 거예요
더 자유롭고 더 행복하고 더 편안한 곳으로
끊임없이 쉬지 않고 전진할 거예요

내가 바로 라이프 아티스트입니다

#3 아무리 힘들어도 창조자로 살 것이다

우리는 힘든 순간 기존의 습관과 생각에 얽매이게 된다
나 또한 그랬다
기존의 선례를 찾기 시작했고 주위를 둘러봤다
하지만 나와 똑같은 상황은 단 하나도 없다
찾는 걸 그만두고 새로운 걸 만들어야 한다

새로운 인간관계 새로운 마음으로 직장에서 일하는 법
새롭게 사람들과 사귀는 법
아무리 찾아도 교과서에서도 나오지 않고 네이버에도 없다

그건 당신만의 특별한 경험이니까

그건 당신이 아티스트가 되는 것이고
당신이 주인공이 되는 것이며 당신이 창조자가 되는 것이다
이것은 힘듦이 아니라 기쁨이다

'왜 나한테만 이런 일이 일어난 거야'가 아니라 '내가 헤쳐 나갈 수 있기
때문에 나에게 주어진 거야'라는 생각
덤벼 봐라 더럽고 힘든 일들아
모두 분해해서 더 멋지게 조립해 줄 테니

혼자서 하려고 하니 겁이 난다
혹시 같이 하실 분 있으신가요?

#4   인생의 사건 사고 포인트에서

인생을 살다 보면 아픔은 피할 수 없다. 심각한 통증이 올 때도 있다.
내가 스스로 만든 아픔일 수도 있고, 누군가에 의해서 아픔을 느낄 때도 있다.
이때 피해자로 나아갈 것인가? 아니면 창조자로 나아갈 것인가?

어젯밤 나의 아픔으로 힘들어하고 있을 때 소울메이트의
위로가 있었다.
앞으로 피해자로 살 것인가?
아님, 그 자리에서 창조자로 더 멋지게 살 것인가?

당연하다.
나는 창조자로 살 것이다.
아무도 가지 않은 길을 새로운 길로 만들어서 살 것이다.
인생의 아픔을 터닝 포인트로 생각하고,
더 건강해지고, 더 행복하게 살 것이다.

인생이 너무 아름답지 않은가? 푸른 하늘과 녹색의 나무는 우리 인생의
멋진 무대가 되어주고 있지 않은가?

당신을 기다리는 직장과 당신을 사랑하는
친구들과 가족이 있지 않은가?

인생은 앞으로 보나 뒤로 보나
창조적이고 행복덩어리일 뿐이다.

#5　　　　　　　　당신의 무관심과 불친절은 저의 선생님입니다

당신의 무관심 당신의 불친절
당신의 부적응이 저의 스승입니다

저는 결심했어요
당신의 태도와 상관없이 바른 태도를 유지하기로
당신의 태도와 상관없이 저는 바르게 말하기로

당신은 진정한 저의 스승입니다
당신을 통해서 저는 나쁜 게 뭔지 제대로 배웠습니다

저는 당신과 상관없이 더 열심히, 감사히
이 세상을 성공적으로 행복하게 살겠습니다

당신의 무관심 당신의 불친절
당신의 부적응은 저의 스승입니다

#6 　　　　　　　　　　　　　　　 절대 망하지 않는 법

절대 망하지 않는 법을 가르쳐 드리겠습니다
이건 아주 가까운 지인에게만 가르쳐 드리는 건데요
사실은 저 혼자 가슴 깊이 간직하려고 했던 필살기입니다
왜냐하면 이건 인생에서 절대 쓰러지지 않으며
쓰러진다 해도 바로 일어설 수 있도록 도와주거든요
많은 사람들이 힘들고 좌절해서 일어서지 못할 때
특효약으로 쓰시면 좋을 듯합니다

그건 바로 원래 저만 알고 있으려고 했던 건데

처음 시작했을 때의 마음을 생각하는 것입니다
설렜고 에너지가 넘쳤고 어떤 어려움 앞에서도
기쁨이 넘치던 그 마음

그렇습니다
나를 가두고 힘들게 하는 것들 앞에서
처음의 마음가짐을 떠올려 보세요
막힌 모든 문들이 천천히 열릴 거예요
본인이 하고자 했던 일이 더 잘 될 거예요
본인이 생각했던 것을 반드시 이룰 거예요

#7   **너무 싫은 사람에게 사랑을**

너무 싫은 사람을
오늘부터 더 이상 싫어하지 않기로 했습니다

오늘 큰맘 먹고 싫어하는 사람을 위해 기도하기 시작했는데 혹시 아나요?
앞으로도 계속 기도할 수 있게 될지?

흘러가는 감정의 방향을 바꾸는 것이 중요합니다
그래서 싫은 사람을 좋아해 보기로 결심했어요

자연스럽게 기다리는 것이 아니라
강한 의지로 철을 녹이는 용광로처럼
오늘 제 마음을 녹여서
싫은 사람을 사랑하기로 결심했어요

#8 지금 잘 안 되고 있더라도 되어 가는 과정이라면 그게 축복이다

지금 일이 어떻게 되어 가고 있나요
잘 안 되고 있나요
되어 가는 중인가요

늦게 되어 가는 것이 불안하고 초조했다

하지만 깨달았다
되어 가고 있는 것이 축복인 것을

다 된 것은 더 갈 데가 없다는 것을
그래서 난 되어 가는 불완전한 것을 좋아하기로 했다

지금 있는 이곳에서 된 것은 하나도 없고
모든 게 되어 가는 중에 있다

그 과정에서 최고의 행복을 누리기로 했다
이제 곧 다 될 것이니깐

다 된다면 얼른 다시 가장 처음으로 내려갈 것이다
왜냐면 되어 가는 부족한 과정이 너무나 행복한 거니까

#9 나쁜 말 귀마개

말을 조심해야 한다
그런데 귀를 더 조심해야 한다
말은 내가 조심하면 되는데
귀는 갑자기 조심하기가 쉽지 않다

나쁜 소식 나쁜 말로 남을 헐뜯는 얘기는 듣기가
너무 힘이 든다
견디기가 무척 어렵다

오디오의 음소거 버튼처럼 원터치로 나쁜 말을
막을 수 있다면 얼마나 좋을까?
하지만 내가 지금 할 수 있는 건 나쁜 말을 가려듣는 것과 나쁜 말이 시
작되면 바로 그 자리를 뜨는 방법밖에 없다

오늘은 나쁜 말 귀마개가 필요 없었으면 좋겠다
서로를 위해 주고 웃음과 유머를 주고받고
가만히 있어도 영혼이 충전이 되는 느낌을 받고 싶다

오늘도 나는 말을 가려서 하고 가려서 듣기로 했다
난 깐깐한 정수기보다 더 필터링이 좋으니까

필터링 같이 하실래요?

#10   변화는 작은 일부터 시작할래요

바꾸고 싶은 것이 있고 바꿔야 할 것이 있다
마음만 먹은 지 오래되었다

바꾸고 또 바꿔야 하는데 힘이 부족한 것일까?
만족하지 못한 상태에서 계속 시간만 흘러가고 있다

변화는 큰 것부터가 아닌데
작은 것부터인데…

오늘 바뀌지 않는 답답한 마음 대신
바꿀 수 있는 기대감과 설렘으로
하루를 시작한다

오늘 조금 바꾸고 내일 조금 바꿔서
작지만 더 행복한 일상을 만들 것이다

절대 포기하지 않고
더 행복하고 감사한 마음으로
변화는 작은 것부터 시작할 것이다

#11　　　　　　　　　　　　　　　　　인간적인 친구

예전엔 친구를 사귈 때 같은 남성으로 한국인으로 학교로 직장으로 고향으로 연결이 되었다.
연결되는 건 좋았는데 확장성이 떨어졌다.
특히 남녀 관계에서 이성과는 친구로 지내기가 어려웠다.

그렇다면 생각을 조금 바꿔서 친구의 개념을 '인간적인 친구'로 확장하면 어떨까? 일단, 어린 친구보다 무조건 내가 더 많이 안다고 얘기할 수 없으므로 나이의 경계선이 사라지고 상하관계가 없어지며 이성적인 구분까지 없어진다.
우리는 성별로 친구를 나누는 것이 아니라 인간적인 관계로 더 가까워질 수 있으니까.

태어나서 처음으로 인간적인 친구들을 만나고 있다.
나이로는 위아래로 스무 살까지 친구가 된다. 살고 있는 곳은 수백 킬로미터 떨어져 있다. 국가와 종교도 넘나들고 있다. 그동안 한계로 다가왔던 이성 간의 친구도 남자와 여자로 나누는 것이 아니라 인간적 친구로 사귀니 늘 주위가 정신없이 바쁘고 기분이 좋다.

이제는 인간적인 친구를 많이 만나고 싶다.
구분 없이, 편견 없이, 편안하게 서로 쉼을 줄 수 있는 인간적인 친구!!!

#12　　　　　　　　　　　　　　　　　　　월요일 신드롬

월요일 출근이 상당히 곤욕스럽다
이상하다 출근이 약간 꺼려진다
사람들도 느리고 부자연스럽고 낯설다
하지만 이럴 때일수록 정공법이 필요하다

아침 라디오를 크게 틀고
더 먼저 인사하고
더 밝은 목소리로
사무실 문은 활짝 열고
커피 냄새는 더 향기롭게
그리고 얼굴에는 웃음 가득 방긋방긋 미소
그리고 혹시나 주위에 나눠 줄 작은 선물이 있다면

베리 굿~ 너무나 좋다~

오늘은 월요일 주일날 서울 종로에서 구입한 도자기 커피용품을 옆 동료에게 선물했는데 역시나 내 기분이 더 좋아진다
나이스샷~

월요일 아침부터 기분이 좋다
일단 오늘 하루만 버티자
마음 아파하지 말고 주위에 행복을 전달하기로!!!

#13 지금 이상한 답변은 하지 마세요. 잠시 멈추세요

일을 하다 보면 갑작스럽고 예기치 못한 일들이 발생한다

정말 당황스러운 일들

잘못 반응하면 마음이 찝찝하다

그래서 이상한 답변이 나올 것 같으면 자동차처럼

급브레이크처럼 얼른 밟아야 한다

알아차리는 것이 어렵지만, 재빨리 알아차리고

즉시 멈춰야 한다

급브레이크 밟지 않으면 충돌 사고가 날 수 있다

출근하니 아침부터 이상한 질문들을 나에게 마구 던진다

나는 알아차려야 한다

이상한 답변은 절대 하면 안 된다는 것을

#14   그냥 그저 그런 사람들 대처방법

어제 한의원에 갔어. 침 맞고 누워 있는데, 어떤 아주머니가 남편과 들어오더니, 한약 검증된 거 맞냐고 하면서 육십이 넘은 한의사에게 증명해 보이라고 하던데. 그리고 침 맞은 1,900원 현금 안 가지고 왔다고 다음에 계산하면 안 되냐고 하던데.

다리 떠는 동료에게 다리 떨지 말라고 했더니 기분 나쁘다며 멀찌감치 떨어진 의자로 옮기면서 다시 다리 떨기를 시작하던데. 얼마 전에는 그 동료가 갑질을 해서 대행사 직원이 회사로 찾아와 억울하다면서 읍소를 하던데.

어제는 전화를 받았어. 아주 가까운 지인으로부터. 본인 사정을 막 얘기하더니 800만 원만 꿔 달라고 하던데. 이렇게 말을 꺼내기까지 얼마나 힘들었는지 아냐면서 800만 원 맡긴 것처럼 얘기하던데, 오죽했으면 내가 전화를 다 했겠냐고 하면서. 벌써 이번이 세 번째가 넘는다.

이건 조금 시간이 됐다. 회사에서 있었던 일인데, 둘이 얘기하다 동료 핸드백에 볼펜 똥이 쓰윽 묻었어. 모나미 볼펜 똥, 2cm 정도 되려나, 그거 가방집에 가서 지우려고 하니깐 10만 원 가까이 든다고 하던데, 그냥 계속 얘기하길래 볼펜똥 지우라고 돈 줬어. 10만 원 조금 안 되었던 것 같아.

정말 우리 주위에는 그냥 그저 그런 사람들이 너무 많아. 그냥 그저 그렇게 흘려보냈으면 좋겠다. 너무 많으니깐 신경 쓸 필요가 없어.

#15   용서할 수 있을까? 용서를 구할 수 있을까?

그렇게까지 많이 내가 잘못한 건 생각나지 않아
아니다 그건 거짓말일 수 있어
많이 잘못했다 아니 조금 잘못했다 생각이 왔다 갔다 한다

내가 용서를 구할 수 있을까
용서를 안 구해도 살아가는 데 별지장이 없는데
그냥 남들처럼 그냥 대충 살면 안 될까
괜히 용서 빌어서 부스럼 만드는 거 아니야
근데 왜 내 양심들이 말을 거는 걸까
양심들이 나를 찌른다 한번 용서가 아니라
일곱 번에 일곱 번이라도 용서를 구하라고

내가 당신을 용서할 수 있을까?
나한테 했던 수많은 모욕과 상처들 해바라기보다
더 활짝 웃을 수 있었던 나를 멈칫하게 하는 사건들

내가 용서할 수 있을까?
용서해야지 용서해야지 용서 안 하면 어떻게 할 건데
한 번이 아니라 일곱 번에 일곱 번이라도 용서해야지
용서할 거면 얼른 용서하자 미루지 말로 바로 지금 용서하자

퍼즐 같은 인생 어렵고 복잡하다고 말하지 말고 용서하고 용서받고
살아 있다는 것에 대해 감사를 표현하자

#16 대화

대화, 말이 좋아 대화지
대화 안 통하는 사람과 대화해 봤어?

눈도 쳐다보지 않고 인터넷 창을 띄워 놓고 모니터만 쳐다보고, 키보드만 두드리는 동료와 대화해 봤어?

네일 케어 한 긴 손톱으로 키보드 탁탁 치면서, 전혀 급해 보이지 않는 일을 엄청 바쁜 척하면서 일하는 동료와 대화해 봤어?

당신보다 나이는 10살 정도 어리고 말할 때 주어와 동사는 없고 슬금슬금 뒷걸음질 치며 피하는 대화가 전혀 안 통하는 동료와 대화해 봤어?

나는 대화해 봤다
그런 동료와 정말 대화해 보려고 진짜 노력했다
속마음이 연탄불에 시커멓게 타들어 가는 듯했다
그런 대화, 당신도 꼭 한번 해 봤으면 좋겠다

당신 인생에 제대로 된 엄한 스승을 만날 테니까
나는 그분을 대화의 스승으로 모시기로 했다

사부님~ 이런 분들과 대화하는 법을 가르쳐 주십시오
제게 대화의 내공을 주십시오

#17 팀장님 말씀은 항상 옳다!

직장생활 17년 차 긴가민가하던 걸 이제야 알았다

팀장님 말씀은 항상 옳다
내 말이 옳다가도 팀장님이 '옳다' 하면 그 말이 옳다

새로운 프로젝트의 진행은
팀장님의 '옳다'가 없으면 진행할 수 없다

내가 옳은 것 같지만 내가 더 옳으면 일이 진행되지 않는다
팀장님의 작은 옳음이 일 진행에 촉진제가 된다

팀장님의 컨펌은 천리마요
불가능을 가능하게 하는 역전의 대명사요
프로젝트의 구세주시다

오늘도 나는 작게 옳다
팀장님은 크게 옳다
일이 술술 풀릴 것 같다

#18   **역지사지 - 마음 편**

급한 일로 보고를 드렸더니 그분은 그리 급한 것 같지 않다 그분은 결재만 하면 되니 급하지 않지만 나는 결재받기 위해 수십 번 전화 통화하고 이메일을 보내고 확인해야 한다.
그러고 나서 보고를 한 것이다.

책을 쓰는 작가는 언제 끝날지 모르는 글을 쓰지만
목숨 걸고 글을 쓴다.
독자는 돈 냈으니 읽고 평가하면 끝이라고
하지만 글을 쓰는 작가에 대한 배려가 있었으면 좋겠다.
아무리 책값 15,000원을 냈다 하더라도 이 책은 그 이상의 가치를 지니고 있을 테니까 말이다.

그렇다.
받아만 본 사람은 준비하는 사람의 마음을 잘 이해하지 못한다.
입장을 바꿔 보면 이해할 수 있다.

따뜻하고 포근한 말 한마디가 그래서 필요한 것이다.
오늘도 나는 수없이 제안하고 거절당한다.
그리고 나를 돌아본다.

어느 날 내가 수없이 제안을 받을 때 나는 공감할 테다.
그리고 입장을 꼭 바꿔 볼 테다.

#19 연락도 없고, 답변도 없네요

연락을 했는데 문자도 보냈는데
연락도 없고 답변도 없네요

바쁜 일 있겠거니 생각은 했지만
그래도 며칠 동안 연락이 없는 걸 보면
그분이 연락하고 싶지 않나 봐요

그분도 입장을 바꿔 보면 이해를 할 텐데
입장 바꾸기 싫은가 봐요

사실 저는 연락 안 받고 답변 안 받아도 됩니다
다만, 그분이 연락을 못 해 줘서 답변을 못 해 줘서
마음이 불편할까 봐 더욱 걱정이 됩니다

시간이 해결해 준다고는 하지만
시간만 버리고 너무 오래 걸릴 것 같아요
그래서 저는 오늘부터는 기도를 해 보려고요
저는 답변 기다릴 수 있는데
답변을 못 하는 그분의 안타까운 마음을 위해서

#20 너무 상식적인 거라서 말을 꺼내기가 조금 그래요~

너무 상식적인 거라서 말을 꺼내기가 조금 그래요~

당연한 일이고 상식적인 일이라서
말을 꺼내도 될지 모르겠네요
너무 당연한 일인데…
그만 모르고 있는 건가요? 그녀만 모르는 건가요?
조금만 이해해 주면 될 텐데 저보고 말을 꺼내라는 건가요?
너무 간단하고 당연한 일이라서 말을 꺼내는 게 참 부끄럽네요
말을 꺼낼까 말까 꺼낼까 말까 망설이다가
마음속으로 다시 접어 넣기를 수백 번

사실 오늘도 용기가 나지는 않습니다

너무 상식적인 거라서 말을 꺼내기가 조금 그래요~

#21　　　　　　　　　　　　　이제부터는 하고 싶은 공부를

이제부터는 하고 싶은 공부를 하기로 결심했어요

남들이 얘기하는 기준의 대학 대학원 박사과정이 아니라

진짜 하고 싶은 걸 공부할 거예요

그래서 남들이 공부하지 말라고 해도

저는 더 공부할 거예요

남들이 이제 그만 됐다고 해도 더 공부할 거예요

왜냐고요?

이제는 제가 하고 싶은 공부를 시작했으니까요

#22 포기하고 싶을 때 생각하고 싶은 것

1. 처음 시작하려고 했을 때의 마음가짐

2. 사랑하는 나의 가족

3. 그동안 여기까지 오려고 고민하고 노력했던 수많은 경험들

4. 다음을 위한 준비

5. 마음이 통하는 사람들과의 대화

6. 주위의 도움

7. 자신과의 오랜 대화

8. 하나님과의 약속

9. 마지막으로 끝까지 절대 포기하지 않는 마음

#23   나(너)에게 쓰는 편지

나에게.

그동안 잘 지냈니? 처음으로 나를 불러 본다. 그렇게 오랫동안 같이 있으면서 나의 존재를 몰랐고 진짜 내가 좋아하는 것도 몰랐네. 이제라도 알아서 다행이다.

내가 힘들 때 더욱 위로하지 못했고, 내가 기쁠 때 더욱 기뻐하지 못했다. 이제는 내가 좋아하는 많은 사람들과 더욱 많은 시간을 같이 보내자. 이제는 혼자서 더 이상 외롭지 말자. 언제나 영혼이 안정되고 평안하고 기쁨으로 살자.

그리고 나에게 자주 편지를 쓰자. 이제라도 나를 만나서 너무 반갑다. 그리고 난 너무 괜찮은 사람이야.

#24   세상 부러울 게 하나도 없다

지금처럼 기분이 좋다면 세상 부러울 게 하나도 없다
좋은 친구들과 한 손에는 아이스커피 따뜻한 햇볕
공원의 작은 벤치에 앉아 친구들과 담소를 나눈다
대화가 끊이질 않는다

시작한 지 얼마 되지는 않았지만 글은 곧 완성될 것이며
우리 셋은 작가가 되어서 전국, 전 세계로 순회강연을 다닐 것이며 우리가 작가가 된 것처럼 우리를 만나는 사람들을 작가로 세워 줄 것이다

지금의 기분이라면 세상 부러울 게 하나도 없다
역시 최고 중에 으뜸은 마음이다

즐거운 상상이 이제 곧 현실이 된다!

#25　　　　　　　　메이크업 하나도 안 해도 예쁜 사람

나는 메이크업을 안 해도 예쁜 사람이 되기로 결심했다

상상만 해도 기분이 좋아지기 때문에
바라보는 기쁨에서 내가 기쁨을 주는 존재가 되기로 했다

나는 오늘 완전 노-메이크업이다
화려한 옷도 짙은 화장도 현란한 말솜씨도 없다

하지만 방긋방긋 웃는 얼굴과 하얀 치아와
푸른 청바지와 흰색 반팔 티

그리고 마지막으로 나의 진솔한 마음과 대화들
나는 오늘 결심한다

메이크업 하나도 안 하고 사람들을 진솔하게 만나기로

#26　　　　　　　　　　　　　　　　　　　　　싱싱한 글

나는 싱싱한 글이 좋다
신선하고, 좋은 글
다른 생각과 다른 마음들이 싱싱하게 표현된 글
우리는 모두 싱싱한 글을 쓸 수 있다

잠시 가만히 마음속을 들여다보자
내 안의 작가와 얘기를 해 보자
작은 숨소리와 고요한 생각에 집중해 보자
너무나 부드럽고, 너무나 섬세한 생각들이 떠오른다
나는 그걸 얼른 받아 적는다
그래서 싱싱한 글이 나온다

여기 싱싱한 글 배달이요~~

#27 나는 지금이 중요하고 미래를 꿈꾸고 있다

글은 누구나 쓸 수 있다
누구나 작가가 될 수 있으며
누구와도 소통을 할 수 있다

글을 써 보기 전에는 몰랐다
나를 돌아보는 시간이 이렇게 생길지
내가 얼마나 부족한지
내가 얼마나 사랑이 없는지
내가 얼마나 글재주가 없는지
내가 이렇게 글을 쓰고 싶어 하는지

그리고 마지막 또 하나 알게 되었다.
못하는 모든 것들을 더욱 사랑하게 되었고
기쁜 마음이 나도 모르게 생겨났으며
예비 작가들과 대화가 풍성해졌다
과거의 반성을 통해 내일을 살게 되었다

미래가 너무 바빠서
과거는 아무런 의미가 없다는 걸 알았다
나는 지금이 중요하고 미래를 꿈꾸고 있다

#28 **사람을 부르는 호칭이 안 중요하다고요?**

사람을 부르는 호칭이 진짜 안 중요하다고요?

호칭 또한 부담스러울 때가 있죠?
그럼 건강한 음식처럼 호칭을 편하게 해 보면 어떨까요?

부르는 사람 듣는 사람이 편한 호칭이면 됩니다
부르는 사람만 좋고 듣는 사람은 싫은 건 호칭이 아닙니다

불렀을 때 듣는 사람이 좋고
들었을 때 불러 주는 사람이 좋은 게 호칭입니다

#29 　　　　　　　　　인사도 제대로 못 하는 그대에게

출근해서 인사도 제대로 못 하는 그대가
무슨 일을 할 수 있겠습니까?
이 세상에서 가장 귀한 단어 중에 하나가
저는 인사라고 생각합니다

인사는 무엇인가를 시작하기 전 마음가짐이며 태도입니다
운동으로 치면 준비운동이고
식사로 치면 테이블에 앉는 것입니다

하지만 모두들 일만 하고 그 간단한
인사 하나 제대로 못 합니다

인사는 그래서 더욱더 능동적이고
마음에서 우러나와야 합니다
인사는 아무리 생각해 봐도 좋은 것이고 필요한 것입니다

항상 인사하지 않는 그대에게
오늘도 제가 먼저 인사할게요

안녕하세요!

#30 그냥 싫다고 얘기하는 사람

그냥 싫다고 얘기하는 사람은
다른 사람도 당신을 그냥 싫어합니다

싫으면 왜 싫은지 뭐가 힘든지 무엇이 부족한지
얘기를 해 줘야 합니다

그냥 싫은 건 인생에서 반칙입니다
아무 이유 없이 싫은 건
당신 스스로를 싫어하는 것이며
상대방 탓을 하는 것입니다

그냥 싫어하지 마시고
그냥 좋아했으면 좋겠습니다

그러면 행복해집니다
그러면 하루가 좋아집니다

#31 오~ 다양하고 좋은데요

앞으로 경쟁력은 다양성에 있다!

우리는 서로 다른 환경에서 자라 다른 문화에 익숙하고 다른 사고방식 때문에 얼마나 괴로워하는가? 가정에서 일터에서 우리는 다른 문화를 즐기지 못하고 괴로워하고 있다.
전 세계 최고의 도시나 세계 최고 글로벌기업에서는
어떻게 다양한 문화를 지닌 사람들과 조화롭게 살아갈까?

어떻게 세계적인 도시 뉴욕이나 파리에 다양한 인종들이
모여서 살 수 있을까?

기본적으로 다양한 사람들이 모여서 자연스럽게 만들어지는 생활 습관 가치관들이 더 위대함을 만들 수 있다는 전제
아래 출발하는 것 같다. 나와 너의 다름은 '틀린' 것이
아니라 나의 단점이 보완되고 성장되는 장점인 것이다.

그렇다면, 오늘 난 나와 다른 사람의 다른 점 때문에 힘들어할까?

아니, 오늘 난 나와 다른 사람의 다른 점 덕분에 더욱 성장하고 내면은 깊어지고 화려해질 것이다.

#32   환영합니다! 불편한 마음들

불편한 마음이 일어나면

아~ 불편한 마음들이 일어나고 있구나

그래서 또 성깔을 부리려고 하는구나

내 안 깊숙이 깊은 호흡과 함께 들여다봅니다

또 한 번

불편한 마음이 일어나면

아~ 불편한 마음들이 일어나고 있구나

그래서 또 성깔을 부리려고 하는구나

내 안 깊숙이 깊은 호흡과 함께 들여다봅니다

또 한 번

불편한 마음이 일어나면

아~ 불편한 마음들이 일어나고 있구나

그래서 또 성깔을 부리려고 하는구나

내 안 깊숙이 깊은 호흡과 함께 들여다봅니다

그러면, 마음이 조금 평안해집니다

#33 **40대 남자 셋이 글 쓴다고 무시하지 마라**
- 40대의 새로운 놀이 문화. 다르게 공감하고, 같이 글쓰기

카톡으로 소통하고 있다. 직접 만나서 얘기하는 것 이상으로 정성을 들여서 소통하고 있다. 작은 스마트폰 화면을 통해 공짜로 볼 수 있는 글이라고 해서 무시하지 마라.

매주 월요일 40대 남자 셋이서 새로운 놀이 문화를
만들어 보기 위해서 책을 쓰기로 했다.

소통은 블로그와 카톡으로 하고 있지만 올가을 책으로
출판될 거다. 물론 출판 비용은 각자 통장에서
적금 깨서 종잣돈으로 만들 거다.

책 출판하는 그날을 생각하면 없던 힘도 생기고
힘든 인간관계도 술술 풀린다. 우리들의 40대 놀이 문화가 건전하게 대한민국을 넘어 전 세계로 퍼져 나갔으면 좋겠다.

올가을 한국어 출판이 목적이고 내년에는 영어로도
출판할 예정이다. 그러니까 많이 좀 도와주세요.
저희 완전 저자세로 쪼그려서 글 쓰고 있습니다.
아이 다리 저려.

#34 진상 동료

진상 동료 어떠신가요?
약속 시간에 항상 늦고
서류는 항상 틀리고
리액션은 부적절하며
온통 자기 자신에게만 집중하는 사람
잘난 척하는데 정말 잘난 걸로 착각하는 동료

혹시 이런 동료 필요하신가요?

필요할 때는 경험이 없다 하고 조금만 여유가 생기면
또 잘난 척 출근은 조금 늦게 점심시간은 항상 여유롭게
퇴근은 조금 앞당겨서 온통 가식적이고
짝퉁처럼 부적절한 말과 행동들

혹시 이런 동료가 일할 곳이 있을까요?
어디선가 필요한 곳이 있으면 좋을 텐데요

저 그런 친구 아주 잘 알아요
그래서 제 마음이 많이 아파요
좋은 게 좋은 거라 잘해 보려고 하다가 상처만 엄청 받았어요

이런 동료 필요하시면 꼭 연락 주세요
진상 동료 서로 같이 나눠요

#35 잠시 혼자 있겠습니다!

잠시 혼자 있고 싶습니다

나무 그늘 아래에서 잠시 앉아 있고 싶습니다

오고 가는 생각들을 정리하며

그냥 입가에 미소를 띠고 싶습니다

조금 혼자 있다 보면 마음이 가벼워질 것 같습니다

무겁다고 생각했던 수많은 짐들이 가벼워질 것 같습니다

그리고 감사가 더욱 넘칠 거예요

기쁨도 더 많이 생겨나고요

웃음도 많아지고

수다도 더욱 많아지고

먼저 눈인사하고, 먼저 허그하고 상대방에게 다가갈 것 같아요

잠시 혼자 있겠습니다

괜찮겠죠?

#36　　　　　　　　**오늘 한 가지 지키고 싶은 것이 있다면?**

오늘 한 가지 지키고 싶은 것이 있다면?
나는 조금도 고민하지 않고 내 마음을 지키고 싶다

내 마음을 지키는 것이 고귀하고 소중한 것인지 알았다
우리가 사는 이 시대는 조급하고 이유 없이 바쁘고 쓸데없이 긴장되고
본인은 돌아보지 않고 서로 판단만 한다

내 마음을 지키고 싶다

내 마음을 지킨 후에는 호수처럼 잔잔하고 싶다
그리고 햇볕처럼 따뜻하고 싶다
어둑어둑한 밤하늘의 별빛처럼 초롱초롱 빛나고 싶다

#37 인생은 세렌디피티! Serendipity

인생을 한 단어로 줄일 수 있을까? 한번 해 볼까? 우연
비계획적 행복 성공 대박 관계 용기 사랑이라고 해도 될까?

세렌디피티는 어떨까?
지금 내가 여기에 있는 건 100% 우연이다
전혀 예상치 못했다
지금 내가 만나고 있는 사람들과의 인연은
전혀 계획적이지 않았다
내가 만들지도 않은 사랑의 에너지가 마음에서 올라온다

인생은 세렌디피티 너무나 설렌다
오늘 어떤 일이 우연찮게 펼쳐질까?

인생은 세렌디피티
오늘도 예상치 못한 수많은 일들 앞에 기쁨과 환호와 박수를 보내고 싶다!!!

#38   **인생에서 이것만은 매일 해 보고 싶다!**

매일이 똑같은 일상에서 이것만은 해 보고 싶다

나와 뜻을 같이하고 영혼 있는 얘기를 주고받으며
많이 줘도 더 주고 싶은 사람들과 함께하고 싶다

왜 어렸을 때는 몰랐을까 왜 혼자서만 하려고 했을까
힘이 들고 문제가 생기고 불협화음이 생겨도
결론은 좋은 사람들과 같이 있어야 한다

혼자서는 브레이크가 없는 경주용 자동차와 같다
아무리 빨리 달려도 멈출 수 없는 쓸모없는 자동차

가끔은 서로의 의견이 틀려도 오해가 있어도 심한 배신이
있더라도 같이 가야 한다
다시 회복해야 한다
서로 마음 끝까지 있는 이야기들을 소통해야 한다
소통은 생명이니깐 나는 오늘도 생명력이 있는 대화를
기다리고 있고 생명의 소통을 시도해 본다

#39 씽크 디퍼런트, Think Different!

스티브 잡스 형이 "씽크 디퍼런트"라고 말했을 때는
그 말의 속뜻을 이해하지 못했다
그냥 '다르게 생각하라'고 남의 인생 살지 말고
당신의 인생을 제대로 살라고 했던 말
단어 그대로만 이해했을 뿐 거기에 담긴
느낌 필링 소울까지 이해하지 못했다

인생의 어려움 앞에서 '다르게 생각하기'란 말이
얼마나 큰 위로를 주는지 모른다
나에게 얼마나 큰 용기를 주는지 모른다
그렇다 똑같은 상황이라도 다르게 생각해야 한다
남의 인생이 아닌 온전한 나의 인생으로 살아가기 위해서는 다르게
생각해야 한다

오늘도 수많은 사건 사고 앞에서 나는 다르게 생각하고
다르게 말하고 다르게 행동할 것이다
그리고 나의 모든 선한 일은 작은 모래알처럼
반짝반짝 빛날 것이다

#40   고통의 포장지

고통의 포장지 안에는 축복이 있는데 많은 사람들은
고통의 포장지만 보고 쓰레기통에 그냥 버린다

나는 고통이라는 포장지를 조심스럽게 열어 보려고 한다
고통의 과정도 감사히 받아들이려고 한다

고통의 포장지 안에 축복이라는 선물이 숨겨져 있다는 믿음으로 이
고통이 끝난 후에 감당할 수 없을 만큼의 큰 기쁨이 있다는 신념으로

#41 지금까지 직장생활은 어땠냐고요?

답답하기가 끝이 없었습니다
다른 팀과의 소통은 언제나 어려웠고
같이 근무했던 팀장님들은 걱정이 늘 많았고
공공기관장님 사장님들은 직원들을 위한다고 했지만
결국에는 본인을 위해서 일했어요

그럼 앞으로 직장생활은 어떻게 할 거냐고요?

무엇보다 끊임없이 소통하려고 노력할 거고
주위 분들한테 밥 사는 거 즐겨할 것이고
같이 근무하는 팀장님 마음 편하시게 해 드리고 싶고
기관장님 사장님들이 직원들을 믿고 일할 수 있도록
제가 먼저 마음으로 노력할 겁니다

이게 근데 가능할까요?
혼자서는 당연히 못 하죠
같이 해 보실래요?

#42 행복했던 일은 셀 수 없이 많고 불행한 일은 셀 수 있을 만큼 적다

무언가를 셀 수 없다는 것은 어마하게 많은 양을 의미한다
내 인생에 행복을 숫자로 세어 보라고 하면 셀 수 있을까? 하나, 둘, 셋
… 백, 천, 만, 십만, 백만을 넘어서도
셀 수 없을 만큼 많다

그렇다면 불행한 일을 세어 보라고 하면 어떨까?
반드시 셀 수 있을 것 같다
어느 정도 숫자로 세다 보면 끝이 쉽게 보인다
금방 끝난다

그럼, 나는 행복한 사람인가? 불행한 사람인가?
두 번 말할 것도 없이 나는 행복한 사람이다
이유는 셀 수 없을 만큼 행복한 일이 많았기 때문이다

#43 이렇게 소통하고 싶다

있는 그대로 인정해 주기, 사랑의 공동체 안에서 생활하기, 싸우지 않기, 삐지지 않기, 절대 화내지 않기, 수시로 소통하기, 포기하지 않고 끊임없이 노력하기, 섭섭해하지 않기, 내 행동 먼저 살펴보기, 답답해도 끝까지 도와주기, 절대 상대방을 궁지로 몰지 않기, 내 마음대로 바꾸지 않기, 일단은 친절히 설명해 주기, 작은 리액션 꼭 해 주기, 먼저 인사하기, 먼저 말 걸기, 기분 좋게 기다려 주기, 보이는 것과 숨은 의도 긍정으로 이해하기, 용기 갖기, 우물쭈물해도 마지막은 단호하게 행동하기, 지금 바로 할 일과 여유를 두고 할 일을 구분해서 처리하기

#44 춘천 가는 기차에서

45년을 살아오면서 결국에는 중요한 건 나 자신이란 걸 깨달았다. 아무리 좋은 것도, 아무리 나쁜 것도 결국 받아들이는 건 나니까.
나쁜 일에 환경 탓만 하는 것보다, 좋은 일에 교만하고 나태해지는 것보다, 성장하려고 노력하고 시도해 보는 도전은 지지해 주고 응원한다.
주위의 시선은 중요하지 않다. 주위에 있었던 수많은 사람들이 지금 내 곁에 있지 않다.
정말 중요한 건 나 자신과 얼마나 사이좋게 지내느냐, 주위 사람들에게 선한 도움을 줄 수 있느냐이다. 겸손하고 능력이 있어야 한다는 말은 이런 뜻인 것 같다.
오늘도 내 영혼이 편안해질 수 있도록 좋은 생각 많이 하고 복 짓는 말 주고받으며 복 받는 하루가 되고 싶다.

#45   행복, 해피니스

아프기 전에 미리 알았더라면
행복했을까?

이렇게 마음이 아픈 줄 알았더라면
어떻게 해야 했을까?

아프니깐 알게 되었다
세상에는 기쁨과 행복이 넘쳐나고 있다는 것을

아프니깐 알게 되었다
내가 누구인지 당신이 누구인지
우리가 어떻게 살아야 할지

아픔은 슬픔이 아니오
성숙과 성장의 시간이란 것을
아픈 후에 알게 되었다

그래서 난 이 아픔까지 사랑할 거다

#46   이별을 준비하는 자세

오늘 편안한 옷을 샀어요
허리와 다리가 편한 갈색 바지와 파스텔 색깔의 하늘색
반팔 셔츠 그리고 뒤꿈치가 편한 신발

마음도 준비했어요
사랑하면 자유를 주는 걸로
성장하기 위해서는 간섭보다 자유가 좋다는 걸 충분히 알고 있으니까
아픔이 지나간 후에 더 큰 기쁨이 온다는 걸 알고 있으니까

이제는 마지막 메시지만 준비하면 될 것 같아요
그동안 힘들었지? 많이 힘들었을 거야
내가 많이 힘들게 했어 당신 마음
당신의 작은 목소리를 못 들어서 미안해
앞으로는 잘 살아 건강하게 행복하게 뒤돌아보지 말고 앞만 보고
잘 살아 지나간 날보다 남은 날이 훨씬 많으니까

우리의 만남은 더 멋진 시작을 위한 해피엔딩이야
진심으로 고마워

#47 사랑렌즈

사랑렌즈 어떠세요?
돋보기, 난시안경, 선글라스 대신
사랑렌즈 어떠세요?

상대방의 어려움을 미리 알고
내가 미리 배려해 주고
상대방이 있는 그대로를 인정하고
인생을 행복하게 해 주는 사랑렌즈

한번 마음에 장착을 하면 평생 닳고 닳지 않는
평생 사용 가능한 사랑렌즈
가끔 발생하는 AS는
감사와 상대방을 더 인정하는 마음

사랑렌즈 원하시면 연락 주세요
이번에만 특별히 당신께 보내 드릴게요

사랑렌즈 이미 착용하신 분 만나시면
저한테도 소개해 주시고요
그런 분이 계신다면 지구 어디라도 달려가겠습니다

사랑렌즈 너무 좋네요
우리 같이 착용해 볼래요?
사랑렌즈
너무 마음이 편하고 세상이 행복해져요

#48 **어떻게든 살아야 한다**

어떻게든 살아야 한다
숨이 막히고
기운이 빠지고
또 실수해도
또 좌절해도
또 어려움이 밀려와도
또 예상치 못한 불안이 와도
어떻게든 살아야 한다

어떻게든 수단과 방법을 가리지 않고
어떻게든 살아야 한다

어떻게든 살다 보면
지난날의 과거가
미리 계획된 축복임을 알고

그 아픔이 언젠간 보석처럼 빛나서
온몸으로 느끼는 날이 올 것이다

그러니깐 나의 사랑과
나의 도움이 필요한 곳을 찾아
어떻게든 살아 나가야 한다
어디에 있든 멋지게 살아야 한다

#49 눈부시게 아름다운 기다림

기다림만큼 아름다운 것이 있을까

어떤 대가도 바라지 않고

사랑으로 기다리는 마음

얼마나 마음이 아프고 애절한지 모르겠다

사랑하니깐 기다리는 거다

많이 쓰라리게 아파도

당신보다 내가 아픈 게 나으니깐 기다리는 거다

친구의 얘기나 책을 통해 기다림을 배우는 것이 아니라 직접 기다림을 경험해 보니

얼마나 기다림이 아프고 고귀하고 위대한지 모르겠다

사랑으로 기다리는 마음

용서하는 마음으로 기다리는 마음

더 깊고 넓게 사랑하려고 기다리는 마음

기다림 끝에는 사랑과 용서보다 더 귀한

더 큰 사랑과 더 깊은 마음이 있다는 믿음

같이 해 보실래요? 꼭 같이 해요

#50　　　　　　　　　　절대 삐지는 거 없는 인생게임

나쁜 요정들이 힘들게 한다
나쁜 일들이 힘들게 한다
나쁜 인간성을 가진 네가 제일 싫다

잘못된 동료가 우기기 시작하고
거짓말을 하고 무례하기까지 하다
트리플 비틀기 악셀이라고 부르고 싶다
굉장히 고난이도 기술이다

절대 삐지는 거 없는 인생게임
하나, 둘, 셋, 넷

친구가 사기를 친다
또 뻥을 친다
사람들이 이유 없이 삐진다
나이 어린 사람은 방패를 들고 교만하게 접근하고
나이 많은 사람은 날카로운 나이라는 무기로 밀어붙인다

절대 삐지는 거 없는 인생게임
하나, 둘, 셋, 넷

회사에서 좋은 사람들은 하나, 둘, 셋 빠져나간다

매일 딴짓하고, 일을 망치는 사람은 승진과
인정과 칭찬을 찾아 또 주위 사람들을 괴롭힌다
잘못된 정보로 혼란을 오래된 이야기로
회사를 갈라놓는다

절대 삐지는 거 없는 인생게임
하나, 둘, 셋, 넷

사랑할 시간도 부족한 세상
절대 삐지지 않는다
긍정 무한대로 살아갈 거다
더 많이 사랑할 거야

당신들이 아무리 잘못된 것을 진실이라고 우겨대도
사실은 바뀌지 않는다, 진실은 꼭 밝혀진다

절대 삐지는 거 없는 인생게임

작가의 감사 메시지

내 마음을 글로 쓴다는 것이 어울리지 않는다고 느낀 적이 많았다. 글로 표현하는 데 부족함을 많이 느꼈다. 하지만 부족한 가운데 감사와 기쁨이 넘친다는 것을 알게 되었다. 내가 인생에서 넘어졌을 때 같이 울고 같이 웃었던 박정민 기자와 김영준 변호사에게 고맙다고 꼭 전하고 싶다. 당신들 덕분에 인생에 비전이 생겼습니다. 이 세상에서 가장 사랑하는 아들 윤선율과 인생의 스승이자 멘토인 가족, 보석보다 빛나는 친구들에게 축복의 메시지를 전달하고 싶다. 자격이 없는 저에게 모든 경험을 허락해 주시고 더 멋지게 하나님의 좁은 길로 인생을 만들어 가시는 예수 그리스도께 이 모든 영광을 드립니다.

윤호전

just like Green / SYP
(watercolor on paper)

Life Artist
Korean Wave Healing Essay

⟨Writer⟩ YUN Ho-jeon

o

I don't have any money, but I'll try it.

Survival in New York, Japan

a transformation from a PD to a public servant.

The wish is to create something out of nothing.

With the knowledge and wisdom and prayers that we have accumulated. Try the road that no one has gone.

Introduction of the English translator:

Dr. Ch. Prashant's quest for learning new things made him learn Korean language in year 2003, when Korea was still an unknown country to many Indians.

And his quest for knowing the answers to questions of life made him study theology, and has done doctorate in Theology.

Later became the founder and President of a Bible College.

Currently he is also Adjunct professor for Korean language in S.K.University, Ananthapur.

His passion for teaching took him to many countries and also many places within India, learning many cultures, languages and different ways of living. His passion for learning continues……

Resolution

Yun Ho-jeon

Introduction of the Author

○

YUN Ho-jeon is an expert on "heading on the bare ground." Studied in Japan in 1998 by working part time. Though there is no money in hand, always enjoyed new challenges and free travel. Started translation work in the second year of college, and worked and studied at the same time. He entered the broadcasting industry in 2002 with a supporting role on Arirang TV. Lotte Group exported Pepero and Choco Pie foods, and went to many countries around the world through overseas performances of Nanta and Jeongdong Theatre. He is an MBA graduate of the Graduate School of Business and an expert in Japan, New York, performance, tourism and overseas media.

Every day, we never give up on a life of failure and make life full of gratitude and joy a top priority.

The author's words

○

I realized that one could live as a creator, not as a victim, even at the moment, when his life seemed to end. As an artist who designs a new life and remodels life. We are all unique artists in the world. Let's not give up and design a new life together. A better life unfolds.

Resolution contents

#1	If it could end well, I don't care even if my heart burns	68
#2	Life Artist	69
#3	No matter how hard it is, I will live as a creator	70
#4	At the point of accidents in life	71
#5	Your indifference and unkindness are my teachers	72
#6	How to never fail	73
#7	Love to someone I hate so much	74
#8	Even if it's not working right now, it's a blessing in disguise	75
#9	Close ears to bad words	76
#10	I'll start with small things	77
#11	A Human Friend	78
#12	Monday Syndrome	79
#13	Don't give me a weird answer right now. Hold on, please	80
#14	How to deal with those people	81
#15	Can I forgive? Can I ask for forgiveness?	83
#16	Chat	84
#17	Team leader, you're always right!	86
#18	It's a backseat driver	87
#19	No contact, no answer	88
#20	It's so common sense. It's a little, too much to say	89
#21	From now on, I will study what I want to do	90
#22	What to think when you want to give up	91
#23	Letter to me(you)	92
#24	The world has nothing to envy	93
#25	A pretty person who doesn't need any make-up	94

#26 Fresh writing	95
#27 I am now important and dreaming of the future	96
#28 Calling people without titles, doesn't matter?	97
#29 To you who can't even say hello	98
#30 The people who just say No	99
#31 Oh, it's diverse and nice	100
#32 Welcome! Uncomfortable feelings	101
#33 Don't ignore the writings of three men in their 40's	102
#34 A troublemaking colleague	103
#35 I'll be alone for a while!	104
#36 Is there anything you want to keep today?	105
#37 Life Is Serendipity!	106
#38 I want to do every day in my life!	107
#39 Think Different!	108
#40 Packing of Pain	109
#41 How have you been at work so far?	110
#42 There are countless happy things and fewer unhappy things	111
#43 I want to communicate like this	112
#44 On the train to Chuncheon, Gangwon-do, Korea	113
#45 Happiness, Happiness, Happiness	114
#46 Preparing Attitude to say goodbye	115
#47 Love Lens	116
#48 I have to live somehow	117
#49 Dazzlingly beautiful wait	118
#50 Play a game of life without getting upset	119

#1 If it could end well. I don't care even if my heart burns

I want to end well, but I keep thinking about something else.

When I start, I hope to end it well.

I keep thinking about something else when it's over.

I want it to end well, but sometimes a bad mind works.

Sometimes he's been acting like a wrecking.

Fortunately, I know this is a mistake.

So I put down everything I could.

I take a deep breath.

One, two, three, four, five, six.

Take a deep breath, and then go back.

One, two, three, four, five, six.

It doesn't matter if the beginning isn't good.

I will make necessary corrections in the middle

I don't care if my mind burns if it ends well.

If only it ends well, I can make a new start.

Do you want to try it with me?

#2　　　　　　　　　　　　　　　　　　　　**Life Artist**

Artists are not just writers, composers, programmers, and painters.

A life artist who designs living and designs life.

There is also a life artist who breathes life into a place of pain, presents a vision to a frustrated friend and puts a rocket on his already flying friend to fly to space.

Isn't it wonderful?

I'm a life artist.
I want to fly with people in my only life.
We'll all fly to places where there's no restriction or prejudice.
A freer, happier, more comfortable place.
I'm going to keep going.

I'm the life artist.

#3 No matter how hard it is, I will live as a creator

At a difficult moment, we are bound by our existing habits and thoughts.
So did I.
I started looking for an existing precedent and looked around.
But there's not a single situation like me.
We need to stop looking and create something new.
New human relationship how to work with a new heart, a new way of socializing.
No matter how many times I look, it doesn't come out of my textbook and it's not on 'Google'.
It's your own special experience.
That's what makes you an artist.
You're the main character, you're the creator.
This is not hard, it is joy.
Not only did this happen to me, but it was given to me because I could get through.
Come on, you dirty, hard work.
I'll take them apart and put them together in a better way.
I'm scared to try to do it alone.
Is there anyone you want to join?

#4 At the point of accidents in life

Pain is inevitable in life.

There are times when there is serious pain. It can be a pain that I made myself, and sometimes it can be hurt by someone.

Are you going to be the victim at this point? Or will you go on to be a creator?

When I was suffering from my pain last night,

There was consolation. Are you going to live as a victim?

Or will you be better off as a creator on the spot?

Of course. I will live as a creator.

I'll make a new road and live on it that no one has gone.

Think of the pain of life as the turning point,

I will be healthier and live happier.

Isn't life so beautiful? Isn't the blue sky and green trees a wonderful stage in our lives?

A job waiting for you and a job loving you.

Don't you have friends and family?

Life looks forward or backward.

They are creative and just a bunch of happiness.

#5 Your indifference and unkindness are my teachers

Your indifference your unfriendliness.
Your maladjustment is my teacher.

I made up my mind.
Regardless of your attitude.
Regardless of your attitude,
I'm going to say it correctly.

You are my true teacher.
Through you, I've learned what's wrong.

I will work harder, thank you, regardless of you.
I will live happily ever after.

Your indifference your unfriendliness.
Your maladjustment is my teacher.

#6 How to never fail

I'll teach you how to never fail.

This is for a very close acquaintance only.

Actually, I was trying to keep it in my heart by myself.

Because it will help you in life.

It helps you to get up and stand even if you fall.

When people can't stand up because they're tired and frustrated.

It would be good to use this as a special medicine.

This I supposed to keep to myself.

It is to think about how I felt when I first started.

Excited, energetic, and a heart full of joy even in the face of any difficulty. That's it.

In front of all the things that lock me up and make me suffer.

Think of your initial mindset.

All the doors will open slowly.

It's going to be better than what you wanted to do.

I'm sure you'll accomplish what you thought to accomplish.

#7 Love to someone I hate so much

I hated a person.
I've decided not to hate him anymore from today.

Today I broadened my mind and started praying for someone I used to hate. Do you know that?
Will I be able to keep on praying?

It is important to change the direction of your emotions.
So I decided to like the person I used to hate.

Not just waiting for time to heal.
Like a furnace that melts iron.
With strong will, I've decided to melt my heart today.
I decided to love someone I used to hate.

#8 Even if it's not working right now, it's a blessing in disguise

How's the matter going on?

Is it not going well?

Or is it in the process?

Uneasy and nervous is what I felt.

When I see my plans are getting late.

But I realized…

That going on in a right direction is a blessing.

If it's finished…

All that is left for me to do is nothing.

So I decide to be happy that it's not completed and is still going on.

Nothing has been yet completed.

Because the process is still on.

I decided to enjoy the greatest happiness in the process.

It'll be ready soon.

If it is done, I will go to beginning again.

Because I enjoy the process of moving in right direction.

#9   Close ears to bad words

Be careful what you say.

More careful what you hear.

It is easy to be careful with what you say.

But not easy to be careful with what you hear.

All of a sudden.

Bad news. Bad words.

When someone speaks ill of others, it's hard to hear.

It's very hard to bear.

Like the mute button on audio system.

How good would it be, to be able to stop listening bad words with one touch?

But all I can do right now is, to neglect the bad words or start to leave them.

I hope that I don't need an earplug today.

We give each other a smile and humor.

I want to feel my soul recharged even if I stay still.

Today, I decided to listen carefully.

I am better than a good water purifier in filtering the words.

Do you want to join with me in filtering?

#10   I'll start with small things

There is something I want to change and something I need to change.
It's been a long time since I made up my mind.

I have to change and change.
Is it lack of strength?
Time is running out, but still not content.

Change doesn't start with big things.
But with small ones.

Instead of a worried mind which doesn't change my day.
With a changeable expectation and excitement
I will start my day.

A little change today and a little change tomorrow.
I will make my daily life little-more happier.

Never give up!
With happy and more grateful heart.
The change will begin with small ones.

#11   A Human Friend

In the past, when I made friends, I made friendship with same sex, same Nation, same school, same job, and same hometown.
It was more to connect, but there was less to grow.
In particular, it was difficult to be friends with opposite sex.

So why don't I change my mind a little and expand my concept of friend as 'human friend'? First of all, I can't say that I know more than my young friend, so the boundaries of age disappear, the differentiation of elder and younger is gone, and the rational distinction disappears.
We don't share friends by gender, but we can get closer to personal relationships.

I am meeting my friends who are human for the first time in my life. I could make friends with age difference up to twenty years. The concept of my home town now expands to hundreds of kilometers away from the place I live. The country and religion are also being crossed. When I crossed the limitations of divisions of human into male and female and started relating them as human friends I became busy and happy because of my human friends from opposite sex.

Now I want to meet many human friends.
A human friend who cannot be differentiated, unbiased, and comfortably rest each other!!!

#12 Monday Syndrome

Monday's work is very difficult.
It's weird. I'm a little reluctant to go to work.
People are slow, unnatural, and strange.
But, in times like this, standard tactics is necessary.

With the morning radio turned up.
Let's say hello first.
In a brighter voice
Open the door to the office.
The smell of coffee is more aromatic.
And a smile full of laughter.
And if there's a small gift around you.

Very good~ I love it~

Sunday, I bought a ceramic coffee set from 'Jongno in Seoul' and gifted it to my friend on Monday, and it really made me feel better. Nice shot~

I feel good since Monday morning.
Well, let's just get through this day.
Don't worry and pass happiness around!!!

#13 Don't give me a weird answer right now. Hold on, please

Things happen suddenly and unexpectedly in the course of work.
The most embarrassing things.
I feel uncomfortable when I react wrong.
So if you think you're going to get a weird answer.
You should think like driving a car.
You have to put a sudden brake, when you notice something crossing your way all of a sudden.
It's hard to notice, but should be quick to notice.
You have to stop immediately.
If you don't press on the brakes, you will have a crash.
When you get to work, you will be asked weird questions all morning.
You must be aware that.

You should never give a weird answer.

#14   How to deal with those people

I went to a traditional clinic yesterday. While I was lying down for acupuncture treatment, a lady came in, with her husband screaming at the 60-year-old Doctor, to prove whether acupuncture is valuable. And she added that they didn't bring cash of 1,900 won ($2) for acupuncture and will pay it next time?

I told my colleague not to shake her legs, and she said, "I hate advice," and moving to a chair which was far away she started shaking again. Not long ago, a colleague attacked an agent. The agency staff came to the company and cried and complained.

I got a phone call yesterday from a very close acquaintance. He asked me to lend him only 8 million ($8,000) won and said, "Do you know how hard it was for me to say this?" He said as if he had entrusted 8 million won to me. "If it is not a difficult situation, would I have called you to lend me some money?" Already I had heard her saying this for the last 3 times for the previous debts.

This is an episode that happened little time ago. It happened at the company. I had a Monami ballpoint pen ink smeared for about 2cm length in my co-worker's handbag while we were talking. She told me that it costs almost 100,000($100) won to remove that mark form the bag when she went to the repair shop. She just kept telling me, so I gave her the money to remove the ink from the handbag. I know it would have cost her lesser than 100,000 won.

There are so many people around us who are just like that. I just wish I could let it slide like that way. It's so much that you don't have to worry about it.

#15   Can I forgive? Can I ask for forgiveness?

I can't remember having done that much wrong.
No. That could be a lie.
The thoughts of 'Am I wrong a lot or a little?' go back and forth in my head.

Can I ask for forgiveness?
I don't have to ask for forgiveness, it's not going to make a difference.
Can't I just live like everybody else?
I'm not asking for forgiveness to make you feel bad.
But why is my conscience talking?
My conscience is stabbing me, not once for forgiveness.
Ask for forgiveness seven times seven.

Can I forgive you?
A lot of insults and wounds you've done to me.
Events that stopped me from smiling more broadly than sunflower.

Can I forgive you?
I have to forgive you. I have to forgive you. What else can I do?
Not once, but seven times seven.
If you're going to forgive, forgive soon. Forgive right now.

Don't tell me that life is difficult and complicated like a puzzle.
Forgive others, forgive each other.
Let's express our gratitude for being alive.

#16 Chat

Conversation, It's a nice way to saying it.

But, have you ever had a conversation with someone who cannot communicate? It is not a conversation.
Have you ever talked to a colleague who do not communicate?
When she talks, doesn't even looks in the eye, just looks at the monitor, and just types on the keyboard.
Have you ever talked to a such a co-worker?
She pretended to be extremely busy with her long nails on the keyboard and shows herself to be working even when there is no work to do.
She is about 10 years younger than me.

And she doesn't use a subject or verb when she talks to me.
Even then, I have been trying for over three years to understand the one who's taking backseat and avoiding conversation.

I've talked to them.
I've really tried to talk to a colleague like that.
My heart was burning black with briquettes. I hope you'll have a chance to have such a conversation.

I'm going to meet a real tough teacher in life.

I decided to take her as my teacher of conversation.

God, please teach me how to talk to these people.

Give me a tip on the conversation.

5 centimeter per second / SYP
(watercolor on paper)

#17 **Team leader, you're always right!**

17th year at work, I realized this clearly now.
Team leader, you're always right.
I'm right, but only when you say "I am right, "I'll be right.

The progress of the new project can't proceed without the Team leader's "YES".

I think I'm right, but even if I'm right, things won't proceed.
If I get the word 'right' from the team leader the work progress.

Team leader, your confirmation is fine horse.
The epitome of a reversal that makes the impossible possible. He is Savior of the project.

I'm just as right today as usual.
The team leader is quite right.
Then things are likely to go smoothly.

#18　　　　　　　　　　　　　　It's a backseat driver

I gave him an urgent report, and he doesn't seem to be in such a hurry. He has only to authorize, so it's not a priority to him, but I have to make phone calls, e-mail and confirm dozens of times to get his approval. Then I made a report. The author of the book writes, things that may never end. Write for one's life. The reader paid for it. Read and evaluate it. That's it. But I wish the reader show some consideration for the writer. No matter how much you pay 15,000 won ($15), this book is worth more than that. That's right. The one who receives does not understand the mind of one who gives. It can be understood only if we change our position. That's why you need a word of warmth and tender. Today I am repeatedly offered and rejected. And look back at me. One day when I reach that position and I'm offered numerous offers, I'll empathize. And I'll make sure you change your mind.

#19   No contact, no answer

He called. He texted you.

No contact, No answer.

He thought he'd be busy.

But if he hasn't contacted from him in days.

He doesn't want to contact him.

He'd understand if he changed his mind.

He doesn't want to change his mind-set.

Actually, He doesn't need to get a call or answer.

But he couldn't contact him, so he couldn't answer him.

He's more worried that he feels uncomfortable.

He means, even though time can fix it.

He thinks it's going to take too long to just waste time.

So He's going to pray from now on.

He can wait for his reply.

For the sad part of him who can't answer.

#20 It's so common sense. It's a little, too much to say

It's so common sense. It's a little, too much to say.

It's a nature and common sense.

I don't know if I should tell to him. It's too obvious.

You don't know? Is she the only one who doesn't know?

You want me to talk to you?

It's so simple and natural that I'm ashamed to say it.

I am hesitating whether to speak up or not. Hundreds of times, going back and forth in my mind Actually,

I don't have any courage today.

It's so common sense. That it's a little, too much to say.

#21 From now on, I will study what I want to do

From now on, I decided to study what I wanted to do.
It means not following other's standard; the graduate, postgraduate and Ph.D.
I'm going to study what I really want to do.

So even if people don't want to study,
I'm going to study more.

I'm going to study more even if it's enough.

Why?
Now I'm starting to study what I want to do.

#22   **What to think when you want to give up**

1. Attitude that you had at first when you tried to started
2. Your beloved family
3. The many experiences that you have been struggling in trying to get here
4. Preparing for next step
5. Conversation with people who can understand
6. Help from people around me
7. A long conversation with yourself
8. Appointment with God
9. Finally, never give up until the end
10. Thank you for everything

#23 **Letter to me (you)**

To me. How have you been? Calling you for the first time. I've been with you for so long, and I didn't know you existed, and I didn't even know what you like. It's good to know now.

When I was in trouble, I couldn't comfort myself and I was less than happy when you were happy. Now let's spend more time with many people who like you. Let's not be lonely anymore. Let us always live in peace and comfort.

And write to you often. It's good to see you even now. And you are so nice.

#24   The world has nothing to envy

I have nothing to envy in the world if I feel as good as I am now.
Good friends, Ice coffee in my hand and warm sunshine.
I sit on a small bench in the park and chat with my friends.
We can't stop talking.

It's not been long since I started, but the writing will be finished soon.
The three of us will become writers, go on tours all over the country, all over the world, and make writers of the people we meet.

I have nothing to envy of the world if I feel like it now.
As expected, the best of the best is the heart.

Joyful imagination soon becomes reality!

#25 A pretty person who doesn't need any make-up

I decided to be a pretty person without make up.

Because just imagining it makes me feel better.
From the joy of I saw, I decided to be a joy to others.

I'm a total no-make up today.
No fancy clothes, no thick make-up, no flamboyant speech.

But with a smiley face and white teeth,
Blue jeans and a white short-sleeved T-shirt.

Finally, making conversations with sincere heart. I make up my mind today. I don't have any make up on, I want to meet people honestly.

#26   Fresh writing

I like fresh writing.

Fresh, good writing.

A passage in which different thoughts and different minds are vividly expressed.

We can all write fresh.

Let's just sit back and look inside for a momentarily.

Let's talk to the author inside.

Let's focus on the little breathing and the quiet thoughts.

Too soft, too delicate a thought comes into my mind.

I write it down quickly.

So, fresh writing comes out.

Here's a fresh delivery~~

#27   I am now important and dreaming of the future

Everyone can write.

Everyone can be a writer.

Be able to communicate with anyone.

I didn't know until I wrote.

I don't know if this is how it's going to be happen.

I don't know how much I'm lacking.

I don't know how much love I haven't.

I don't know how good I am at writing.

I don't know if I want to write like this much.

And I got to know one last thing.

I fell in loved more with I couldn't do.

A joyous heart sprang up in my mind.

Talks with prospective writers have become plentiful.

My past reflection has brought me to live tomorrow.

The future's too busy.

I knew the past meant nothing.

Now is important and I am dreaming of the future.

#28 Calling people without titles, doesn't matter?

Calling people with title is really not important?

Sometimes the title is too burdensome, right?
Then, why don't you make a yourself a healthy one?

Title should be comfortable for the caller and the listener.
It should be good to the caller, and to the listeners.

The listener should be happy to listen when I call them.
It's a good title to call someone when you hear it.

#29   To you who can't even say hello

You can't even say hello when you get to work.
What can you do?
One of the most precious words in the world I think is a greeting.
Greeting creates right attitude before you start something.
It's a warm-up exercise, when you sit at the table to eat.
But everybody is working for you and you can't even greet them properly.
Greeting is much more active when it comes out of your heart.
Greeting is a good thing to think about and is necessary.
To you who do not always say hello I'll be the first to say hello today.
Hello!

#30 The people who just say No

People who just say no,
Just don't like you, don't they?

If you don't like it, why you do not like,
If hard what is hard, if lacking what is lacking.
You have to tell them.

It's a foul in life that just hate it.
I don't like it for no reason.
You hate yourself.
You're blaming the other person.

Just don't hate it.
I just hope you like it.

It makes me happy.
That'll improve the day.

#31   Oh, It's diverse and nice

The competitiveness ahead lies in diversity!

How much do we grow up in different environments and are used to different cultures and suffer from different ways of thinking? At work, at home, we are suffering from not enjoying other cultures.

In the best cities in the world, or in the best global companies in the world,

How do we live in harmony with people of various cultures?

How do you know that there are many different races in the global cities of New York and Paris?

Can we get together and live together?

The premise that basically diverse people can come together and make the natural lifestyle values greater.

It seems to be starting below. You and I are different from each other.

No, my disadvantage is the strength of being supplemented and growing.

So, Am I having a hard time today because of the differences between me and others?

No, today I'm going to grow even more, and the inside will be deeper and more colorful, thanks to the difference between me and others.

#32   Welcome! Uncomfortable feelings

When an uneasy conscience arises,
Ah, uncomfortable feelings are happening.
That's why I am trying to be angry again.
Check deep inside me, with deep breaths.

Once again

When an uneasy conscience arises,
Ah, uncomfortable feelings are happening.
That's why I am trying to be angry again.
Deep inside me, with deep breaths.

Once again

When an uneasy conscience arises,
Ah, uncomfortable feelings are happening.
That's why I am trying to be angry again.
Deep inside me, with deep breaths.

Then, I feel a little better.

#33 Don't ignore the writings of three men in their 40's
— New play culture in your 40s. Different empathy, writing together

They are communicating via Kakao Talk. We are communicating with each other more than meeting each other in person. Don't ignore the comments because they are free to see through a small smartphone screen. Every week Monday, three men in their 40s create a new play culture.
We decided to write a book to see.

Although, We do communication through blog and kakaotalk, We will write a book this fall.
It's going to be published. Of course, the cost of the publication will be in each account.
We'll break the installment savings and make it into seed money.

The day we publish our book give us the power we never had. Hard relationships also unravel easily. We hope that our 40-something play culture will spread across the world beyond the Republic of Korea in a healthy manner.

The purpose of this fall is to publish Korean and English next year. Be due for publicatio. So please help me a lot.
We're writing with a low profile and squat down.
My legs feel numb.

#34 A troublemaking colleague

What do you think of troublemaking colleague?

She's always late for an appointment.

The documents are always wrong.

Reaction is inappropriate. A self-centered person.

A colleague who's pretentious, but who thinks she's really great.

Do you need a colleague like this?

She says she don't have any experience when she needs to work.

Also, she is little too proud to go to work late, she always has a leisurely lunch time.

Getting off work a little earlier, it's all pretentious.

Words and actions are as inappropriate as fake.

Do you happen to have any place for a colleague like this to work?

I wish there was somewhere I could use her.

I know very well a person like this.

That's why my heart is hurt so much.

I've been trying to be nice, but I've been hurt a lot.

If you need a colleague like this, please let me know.

Let's share it with each other.

#35   I'll be alone for a while!

I want to be alone for a while.
I'd like to sit under the shade of a tree for a while.
Clearing up the thoughts that come and go.
I just want a smile around my mouth.

I'll feel light-hearted if I'm alone.
A lot of luggage I thought was heavy is going to lighten up.

And you'll be more than grateful.
And more joy.
Laughter increases.
And more chatter.
I'm going to say good-bye first, and first I'm going to hug the other people.

I'll be alone for a while.
It'll be okay, right?

#36   Is there anything you want to keep today?

Is there anything you want to keep today?
I don't want to worry about anything and I want to protect my heart.

I knew it was noble and precious to protect my heart.
This age we live in is a time of impatience and for no reason, of needlessly tense, and we don't look back and judge each other.

I want to protect my heart.

After I keep my mind, I want to calm down like a lake.
And I want to be as warm as the sun.
I want to shine like the starlight of the dark night sky.

#37   Life Is Serendipity!

Can you reduce your life to one word? Shall we try?
Serendipity.

Coincidence, unplanned happiness, success, relationships, courage, love.

What about Serendipity?
It's 100% by chance that I'm here right now.
I didn't expect it at all.
The connection with the people, I'm meeting right now.
I wasn't planning at all.
The energy of love that I haven't even created comes from my heart.

Life is Serendipity. I'm so excited.
What will happen accidentally today?
Life is Serendipity.
I want to face with joy, cheers and clapping in front of so many unexpected things today!!!

#38 **I want to do every day in my life!**

I want to do every day in my life.

You're sharing your thoughts with me, you're sharing your soul.
I want to be with people I want to give more even if I give a lot.

Why didn't I know when I was young? Why would he want to be alone?
It's hard, it's trouble, it's discord.
The conclusion should be with good people.

While we are alone, it's like a racing car without a brake on its own.
A useless car that cannot be stopped no matter how fast you run.

Sometimes we disagree, sometimes we misunderstand,
even if there is a severe betrayal, you should go with me.
We need to get back.
We have to communicate with each other about the stories that are at the end of our hearts.
Communication is life, so I want to talk about life today.
We're waiting. We're trying to communicate.

#39 Think Different!

When Steve Jobs said "Think different"
I didn't get the meaning of the word at first.
Just "Think different" and don't live another's life.
He told you to live your life properly.

I only understood the words in them.
I didn't understand the feeling, the filling, and the soul.

"Think different" in the face of life's difficulties.
I don't know how much comforting I am.
I don't know how much courage I am.
Yes, we have to "Think different" even under the same circumstances.
We have to "Think different" in order to live our whole life.

In the face of a lot of accidents today,
I think different.
I will say differently and act differently.
And all my good work is like a little grain of sand,
It'll shine.

#40   Packing of Pain

There's a blessing in the wrappers of pain, and many people.
Just look at the package of pain and throw it in the trash.

I'm trying to open the package of pain carefully.
I am willing to accept the process of suffering with gratitude.

With the belief that there is a gift of blessing hidden in the wrapper of pain,
there is an unaffordable amount of joy after this pain is over.

#41 How have you been at work so far?

There was no end to my frustration.
Communication with other teams has always been difficult.
The team leaders who worked with me were always worried about many things.
The heads of public institutions said they were for the employees.
They ended up working for himself.

So what are you going to do with your career?

Most of all, I'm going to try and communicate.
I'll enjoy buying meals to the people around me.
I just wanted to make you feel at home.
I want to help the boss to trust the staff.
I will try first with my heart.

But is this possible?
Of course, I can't do it alone.
Would you like to try it with me?

#42 There are countless happy things and fewer unhappy things

There is not enough misery to count.

Being unable to count something means an enormous amount.
Can I count happiness in my life?
One, two, three... hundred, thousand, ten thousand, hundred thousand, a million.

So, what if I told you to count the unfortunate?
I'm sure I can count.
When you count to a certain number, you can easily finish the end.
It'll be over soon.

So, Am I a happy person? Or an unhappy person?
Needless to say, I am a happy person.
The reason is that there were so many happy things that I couldn't count.

#43 I want to communicate like this

To acknowledge as it is

Living in a community of love

Not to fight

Don't sulk

Never get angry

Communicate frequently

To make constant efforts without giving up

Don't be disappointed

Look at my behavior first

Help me to the end, even if it's frustrating

Never drive your opponent into a corner

Don't change it my way

First of all, please explain well

Make sure to do a little reaction

Say hello first

To talk first

To wait pleasantly

Understanding what you see and what you hide with positives

Have courage

To act decisively at the last moment, even at the slightest provocation

I'm going to separate what I'm going to do right now from what I'm going to do later

#44   On the train to Chuncheon, Gangwon-do, Korea

After 45 years of living, I finally realized that I was the one who mattered. I'm the one who accepts no matter how good, no matter how bad.

Rather than blaming the environment on difficult things, rather than being arrogant and lazy on good things, the challenge of trying and trying to grow is supportive and supportive.

The gaze around is not important.

Countless people around aren't there for me now.

What really matters are how well I get along with myself.

It is whether good help can be given to those around you.

This is what it seems to mean to be modest and capable.

I want to have a day where I can think a lot of good things, exchange good words, and be blessed so that my soul can feel relaxed.

#45   Happiness, Happiness, Happiness

If I had known before I was sick,

Would I have been happy?

If only I had known, it was so painful.

What should I do?

I found out because I was sick.

The world is full of joy and happiness.

I found out because I was sick.

Who I am, who you are.

I don't know how we're going to live.

Pain is not sadness.

Time for maturity and growth.

I found out after I was sick.

So, I'm going to love this pain.

#46   Preparing Attitude to say goodbye

I bought comfortable clothes today.
Comfortable waist and legs brown trousers and pastel colored sky blue short-sleeved shirt and comfortable heel shoes.

I've prepared my heart.
Love is freedom.
I know enough that freedom is better than interference to grow,
So I know that after pain comes greater joy.

I think we just need to get the last message ready.
It's been hard, right? It must have been hard.
I've had a lot of trouble with your heart.
I'm sorry I didn't hear your little voice.
From now on, live well, stay healthy, don't look back.
And there's more days left than past days.
You are just look ahead and live well. I pray.

Our relation is a happy ending to a better start.
Thank you from the bottom of my heart.

#47 Love Lens

How about love lens?

Instead of magnifying glasses, astigmatism, and sunglasses

How about love lens?

Knowing the other person's difficulties in advance

I will be considerate in advance

Accept the person as he is.

A love lens that makes life happy

Once worn on your mind, it will work forever

Love lens that can be used for a lifetime

The Gratitude and appreciation for the other person is the only

After Service it needs to work continuously.

If you want a love lens, please contact me

I'll send it to you specifically this time

If you meet someone who has already worn Love Lens

Please introduce him to me

If there is such a person, I will run anywhere on Earth to meet him.

Love Lens is so good

Would you like to wear it together?

Love lens

I feel so comfortable and the world is happy.

#48　　　　　　　　　　　　　I have to live somehow

I have to live somehow

Even if life is suffocating

Energy is failing

Even if I make a mistake

Even if I get frustrated

Even if difficulties come again

Even if unexpected anxiety comes

I have to live somehow

Regardless of the means and methods

I have to live somehow

If you live somehow

You will understand that the past is a pre-planned blessing

the pain you suffered will pass away and you will shine like a gem someday

The day you feel with your whole body will come

So, I will find a place that needs my help and my love

I have to live somehow

I have to live nicely wherever I am.

#49   Dazzlingly beautiful wait

Is there anything as beautiful as waiting?

Without expecting any reward

Heart is waiting with love

I don't know how painful and sad

I'm waiting because I love you

Even if it hurts a lot

I'm feeling more pain than you, so I'm waiting.

I didn't learn to wait through a friend's story or from book,

I had learnt by my own experience, how long waiting is painful and hurting.

Heart waiting with love

Waiting with forgiveness

Shall we try together with faith, that after waiting with deeper and wider love, we will receive more precious than love and forgiveness, a greater love and happy heart?

Let us do it together.

#50   Play a game of life without getting upset

Bad fairies make it hard

Bad things make it hard

I hate the people of bad human nature

The bad colleague starts crying

Lie and even be rude

I want to call it Triple Twist Axel

It is a very difficult skill.

Play a game of life without getting upset

one two three four

A friend cheats

And tells lies

People are getting upset for no reason

A young people with a shield approached proudly

Older people push with sharp weapons called his age

Play a game of life without getting upset

one two three four

Good people in the company one, two, three go out

People who do things differently and ruin things every day

They bother people around in search of recognition and praise

Divide the company by creating confusion with wrong

information and old stories

Play a game of life without getting upset

One two three four

A world lacking time to love

I will never get upset

I'm going to live in positive infinity

I will love you more

No matter how wrongly you twist the truth,

Truth never changes, truth shines out bright

I will play a game of life without getting upset.

Translator Dr. Ch. Prashant

○

I thank the author of this essay Mr. YUN Ho-jeon for giving me the opportunity to translate this book. Life teaches many lessons in many ways.

A wise person will learn from the life lessons and make his life better. Life is continuously teaching us. Let's live carefully, learning all the time the life's lessons

Life is full of surprises, sometimes we couldn't handle them in right way and we call them accidents. I wish we all could become life s artists and create good out of everything we come through. Pass on happiness, love, peace and positivity.

Let's all together make the world a better place to live for us and the generations to come.

A thank-you message from the writer YUN Ho-jeon

○

There have been many times when writing my mind felt out of place. I felt a great deal lacking. But I found myself full of gratitude and joy amid a lack. I really want to thank Park Jung-min and Kim Young-joon for pulling me up when I fell in my life. I owe it to you. I want to convey a message of blessing to my family and friends, who are the world's most beloved Yun Sun-yul (my son) and are life's teachers and mentors. I give all my glory to God, who has given me the opportunity to do so.

A flower in your heart / SYP
(watercolor on paper)

ライフアーティスト絆創膏

＜作家＞　　　ユン　ホジョン

お金がなくても、一旦やってみる。ニューヨークと日本留学を得て、ディレクターからの公務員に変身した。将来の希望は、無から有を創造すること。
これまで蓄積された知識と知恵と祈りを持って誰も行かない道に挑戦してみたい。

＜日本語 翻訳作家＞　　　尹　成化（ユン　ソンファ）

1969年生まれ、ソウル出身
2001年3月、広島国立大学大学院国際協力研究科修了、藝術修士、
2007年2月、韓国ソウル国立大学言語教育院入学、外国人韓国語教師養成講座修了

2003年、財団法人広島国際センター韓国語翻訳者、広島県観光パンフレット90%作成
2006.9　ミュージカル「ダルゴナ」の日本語翻訳、
2006.9　非言語劇ナンタ宣伝に関わる日本語版の製作
2007.8　ミュージカル「チャングムの誓い」の日本語字幕翻訳、
　　　　ソウル世宗文化会館大劇場で上演
2009.　韓国文化体育文化庁所属(財)貞洞劇場日本語パンフレット翻訳など

広島県警、広島弁護士会、広島地方裁判所法廷通訳人
日本在住30年、留学生として来日。留学生ながらも日本で出産し、子を2人育てる。仕事の一つは行政書士事務所事務員、旅行会社の日本人の添乗員。面白い事に、韓国人相手でなく日本人を北海道から沖縄まで案内している。その他ボランティアなど、いくつも掛け持ちしている。
私も癒されたい。これからも妻であり、母であり、事務員であり、添乗員であり、ボランティアといういくつもの役をこなしながら生きていきたい。

＜日本語監修＞　　　姜　仁恵（カン　イネ）

韓国人の両親を持ち、日本に生まれ、今まで日本で暮らす。
京都精華大学漫画科卒業

healing forest / SYP
(watercolor on paper)

誓い

ユン ホジョン

プロデューサー、コラムニスト
○

　作家ユン・ホジョンはグローバル失敗（？）の専門家だ。世界中の多くの国での失敗を正面から味わって来た。ただし、失敗を見る視点が違う。失敗は終わりではなく、新たなスタートだ。失敗の種をまいたからこそ今の生活が、そして今をしっかりと生きることができているのだ。

　失敗はただの過程に過ぎない。だから失敗という親友たちから落胆、恐怖、出来ないという否定的な考えが群れを成して集まって押し寄せて来ても、それらを素通りさせればいいと思っている。絶対それらにとらわれてはいけない。

　ユン・ホジョンは予期せぬいくつかの困難な状況でも、それ以上の価値を作りたいライフアーティストだ。経営大学院MBA出身で海外メディア、公演、観光、エンターテイメント、広報企画、思想（Thinking）の専門家でもある。

　日本の広島、海外放送アリランTV、ロッテグループ、ナンター、PMCプロダクションを得て、マンハッタン、ニューヨーク市立大学、文化体育観光部（観光庁）貞洞劇場、江原道庁スポークスマン室、2018平昌冬季オリンピックと「職業」に深い縁があり、毎日毎日失敗だらけの人生でも絶対諦めない。毎日毎日今日一日を生きていくチャンスを得ただけでも、喜びと感謝で生きている。

　もっと知りたい方は、Googleで「ユン・ホジョン」検索してください。
　出典：アジアバロスニュース（http://www.asiacenews.com）

作家の言葉
○

　人生が終わったような瞬間を前にしても、被害者ではなく、創作者として生きていくことを悟った。新しい人生を設計し、人生をデザインするアーティストだ。すべての人は、人生をユニークにできるアーティストである。共にあきらめず、新しい人生をデザインしてみよう。もっと素敵な人生を繰り広げられるだろう。

誓い

#1	良い最後を迎えることが出来れば、僕の心が燃えても構わない！	130
#2	ライフアーティスト	131
#3	掛かって来い、辛くてしんどいことよ	132
#4	人生の事件・事故のポイントで	133
#5	僕の師匠はあなたの無関心と不親切	134
#6	人生の必殺技教えます	135
#7	流れゆく感情の方向を変えてみる	136
#8	今もうまく行ってなくても、その途中の過程であれば、それは祝福である	137
#9	悪口を防ぐ耳栓	138
#10	変化は小さい小さいことから始めよう	139
#11	人間的な友達	140
#12	月曜日症候群	141
#13	即答は必要ない、必要なのは急ブレーキ	142
#14	なんでもない人の対処方法	143
#15	7回かける7回許す	144
#16	会話	145
#17	チーム長殿、あなたの言葉は常に正しいです！	146
#18	易地思之―賢人は皆同じように考えるものだ	147
#19	連絡もなく、返事もないですね	148
#20	言う勇気が出ません	149
#21	する勉強じゃなくて、したい勉強	150
#22	諦めたい時に思い出すこと	151
#23	僕(君)に書く手紙	152
#24	この世に羨ましいということは一つもない	153

#25	メイクなしのキレイ術	154
#26	とれたて文章	155
#27	過去＜未来	156
#28	おい、お前なんて名前じゃない	157
#29	こんにちは！	158
#30	ただを嫌がらないでみて	159
#31	Oh〜多様でいいです！	160
#32	膨らんだ不愉快をしぼませてみて	161
#33	40代の男性三人が書く事を無視しないでください	162
#34	変態同僚はいあかがですか？	163
#35	しばらく一人にさせて頂きます！	164
#36	今日一つだけ守りたいものはどんなものですか？	165
#37	人生はセレンディピティ！ Serendipity	166
#38	人生の中でこれだけは毎日やってみたい！	167
#39	シンクディファレント、Think Different！	168
#40	苦痛の包装紙	169
#41	これまでの職場は？仕事は？はかどっていたかって？	170
#42	幸せだった事は数え切れないほど多く、不幸な事は数えるほどしか少ない	171
#43	こんなコミュニケーションをしたい	172
#44	春川行きの列車で	173
#45	痛みまで愛してみる	174
#46	別れを準備する姿勢	175
#47	愛のコンタクトレンズ	176
#48	とにかに生きていかなくちゃ、	177
#49	待つことーそれは眩しくて、そして美しい。	178
#50	絶対諦めない人生ゲーム	179

#1 良い最後を迎えることが出来れば、僕の心が燃えてもかまわない！

良い最後を迎えたいのに、しきりに別のことが頭に浮かぶことはありませんか？
始めた時はいい終わりを迎えなければならないという気持ちを持つけど、最後になるとしきりに別のことが頭に浮かんでしまう。

いい終わりを迎えたいのに悪い心が覗いてくる時って誰でもあると思います。
どんどん関係を捻じ曲げちゃえ！と意地悪をしたくなる時

でも大丈夫です。僕はこれは誤作動であることを知っています。
だからその時は、できるだけ、していたすべてのことを置いて
深呼吸をします

一つ　二つ　三つ　四つ　五つ

深く息を吸って再び

一つ　二つ　三つ　四つ　五つ

悪い始まりだったとしても気にしない
途中も悪くても構いません。
良い終わりを迎えることができれば、僕の心が燃え切ってもかまいません。

良い終わりをしたからこそ、次なる新な挑戦も始まるのですから
一緒にやってみませんか？

#2　　　　　　　　　　　　　　　　　　　ライフアーティスト

アーティストは文章を書く作家、曲を書く作曲家、絵を描く画家、家を造る建築家だけをいうことではない
人生を設計し、人生を構築するライフアーティスト
地上から空に飛び立つ友達がいます。そこで応援して終わるのではなく、空を飛んでいる友達にさらに宇宙まで飛んで行けるようにロケットをつけてあげる、それこそがライフアーティストの役割
素敵ではありませんか？
僕がまさにそのライフアーティストです
一度だけの人生、人々と一緒に大空を飛んでみたいです。
制限と先入観のないところに一緒に飛んで行きたいです。
より自由で、より幸せで、より楽な場所に
絶えず、休まず、前進して行きたいです。

僕がそのライフアーティストです。

#3　　　　　　　　　　　　掛かって来い、辛くてしんどいことよ

僕たちは辛いことが起きた時、従来の習慣と考えに囚われてしまうようになる。
僕もそうだった。
既存の先例を探し始め、周りを見回した。
しかし、僕と同じ状況の人はただの一人もいなかった。
辛いことが起きたら自分と同じような人を探すのではなく、新しいことを探していかなければならない。
新しい人間関係、新たな人との付き合い方、気持ちを入れ替えて職場で働く方法
いくら探しても教科書にも載ってない、ネットにもない
それはあなただけの特別な経験だから
それはあなたが創造者になる為であるだろうから
あなたが主役になることであなたが創造者となるのである。
辛いことは、悲しみではなく喜びである。
「なぜ僕だけこんなことが起こるのか」ではなく「僕が乗り越えることができるから、試練を与えられるのだ」と考えるのだ。
掛かって来い、辛くてしんどいことよ
全部分解して、より素敵に組み立ててあげるから
一人でしようとしたら怖くなってきたな
読んでいるあなたがよければご一緒に組み立てていきませんか？

#4　人生の事件・事故ポイントで

人は生きていると痛みは避けられない。
深刻な痛みが伴うこともある。自らで作った痛みかもしれないし、誰かによって痛みを感じることもある。
この時、被害者になるべきなのか？　それとも創造者になるべきなのか？
昨日の夜にの僕が苦しんでいるときにソウルメイトとも呼べる友達から慰めがあった。「君はこれから痛みを感じた被害者として生きていくのか？　それとも痛みを感じたことで、創造者になって素敵に生きていくのか？」
僕の答えは決まっている。僕は創造者として生きていくのである。
人生の痛みをターニングポイントとして考えて、
誰も行かない道を、新しい道を作って歩んでいく。
より健康になり、より幸せに生きるのだ。
人生はあまりにも美しくありませんか？　青い空と緑の木は僕たちの人生の素敵な舞台になってくれていませんか？
あなたが待っている仕事とあなたを愛している
友達と家族がいるのではありませんか？
人生は前から見ても後ろから見ても創造的で幸せの塊です。

#5　　　　　　　　　　　僕の師匠はあなたの無関心と不親切

あなたの無関心とあなたの不親切
あなたの不適応は僕の師匠でございます。

僕は決心しました。
あなたの態度に関係なく、正しい態度を維持することに
あなたの態度に関係なく、僕は正しく話すことに

あなたは真の僕の師匠です。
あなたを通して僕は悪いものが何かを誠に学びました。

僕はあなたと関係なく、一生懸命、感謝しながら
この世界で幸せに暮らしていきます。

あなたの無関心とあなたの不親切
あなたの不適応は僕の反面教師です。

#6　　　　　　　　　　　　　人生の必殺技教えます

もう無理だ！と限界になっても、倒れないようにできることを教えます。
知人の中でも限られた人にしか教えていませんでしたが、
これは、胸のうちに深く刻んでいる僕の必殺技なんです。
その技は人生の中で絶対倒れない、
倒れたとしてもすぐに立ち上がることができるように助けてくれますから、
たくさんの人が辛いとき挫けて立ち上がれなくなったとき
特効薬として使うことをお勧めします。
とても簡単で、皆さんが忘れていることです。
その技とは始めた時のことを思い出す、これだけです。
ワクワクしていた、エネルギーがあふれていた、どんな困難の前にも
喜びがあふれていた、その時のことを、その時のときめきを
そうですよ。
あなたを閉じ込めて辛くするその全ての荷物を一度床に置いてみて
初心を思い出してみて。
ほら、あなた自身はとても身軽でしょう？
大丈夫。あなたが思っていたことは必ず成し遂げられます。

#7 流れゆく感情の方向を変えてみる

大嫌いな人を
今日からはもう嫌わないことしました。

むしろ今日思い切って僕は大嫌いな人の為に祈り始めたんです。

流れてしまう感情はもう止めることはできません。
大事なのは、流れゆく感情の方向を変えること。
だから嫌いな人を好きになることにしました。

流れを待つのではなく
強い意志によって鉄を溶かす炉のように
今日、僕の心を溶かして
嫌いな人を好きになることをしてみる。

#8 今もうまく行ってなくても、その途中の過程であれば、それは祝福である

今、仕事はどうですか？
順調ですか？
それとも途中ですか？

僕は仕事の完成の遅さに不安を感じ、焦っていました。

けど、気づいたことがあります。
この過程が祝福だと

完成されたものは、それ以上行くところがないことを
だから、僕はなっていく途中の不完全なことを好きになることにしました。
今ここで成しとげたもの、一つもなく
すべてされていく途中であること
その過程で、最高の幸せを満喫すること。

けれど出来上がったら、すぐもう一度最初に戻るつもりです。
なぜならばなっていく不揃いなその過程があまりにも幸せだから

#9　　　　　　　　　　　　　　　　　　　悪口を防ぐ耳栓

話す言葉には気をつけなければならない
しかし、本当に気をつけるのは口ではなく耳の方なんです。

言葉使いは僕が注意すれば良いが
耳が突然注意するのはすごく難しいことだからです。

テレビから流れる悪いニュース、たまたま聞いてしまった悪口、
自分から聞いたわけじゃないのに、すごく嫌な気分になりませんか？

テレビのリモコンみたいに、悪口の音声を小さくできたらいいのに。
けど、僕は今できることは、悪口が始まるとすぐにその場から離れることしかできません。

今日も僕は言葉を選別して話し、選別して聞く。
この悪口を防ぐ耳栓が必要なかったらどれほど良いのだろう、
お互いのために笑いとユーモアを分け与えて
何もしていなくて魂が充電されて行く感じを味わいたい。
僕は浄水器よりも浄水器のフィルタリングが好きだから
フィルタリングを一緒にしてみませんか？

#10　　　　　　　　　変化は小さい小さいことから始めよう 。

変わりたいこともあれば、変えなければならないこともある。
そう心を決めて長い年月が流れてしまいました。

変えなければならないけど、力不足なのか？努力が足りないのか？
満足していない状態で、時間だけ流れてしまう。

変化は大きいことからではないのに
小さなことからなのに…

今日も変わらない苦しい心の代わりに
変われるという期待感とときめきで
一日を始めてみる。

今日は少し変えてみて、明日も少し変えてみる。
小さいながらも、より幸せな毎日を作るために

決してあきらめずに
より幸せで感謝の気持ちをもって
変化は小さいことから始まるのである。

#11　　　　　　　　　　　　　　　　　　人間的な友達

昔の僕は職場で友達を作るとき、
同じ男同士で、同じ韓国人で、同じ母校の人と繋がりを持とうとしていました。
共通点という繋がりはよかったけど、広がりはなかった。
特に異性は友達として関係が難しいなと思うことがありました。
僕はそれなら発想を少し変えてみようと思い、友達の概念を「人間の友達」に広げてみた。
一旦、僕が年下の友達よりは博識があるとは言えなくなることもあるから、年齢の境界線が消えて上下関係がなくなり、性別的な区分までなくなる。
僕たちは、性別で友達を分けるのではなく人間関係によってもっと親しくなることだろう。
僕はそう考えるようになり、生まれて初めて人間の友達ができました。
上から下まで幅広い年齢の友達ができた。住んでいる場所も、数百キロも離れている。国家と宗教も行き来できる。これまでは限られていた異性間の友達も男と女に分けるのではなく、人間の友達として付き合っているので常に周りに人間の友達達に囲まれて忙しく、気持ちがいい。これからは人間の友達にたくさん会いたい。
区別なく、偏見なく、快適にお互いに安らぎを与えることができる
人間の友達！！！

#12　　　　　　　　　　　　　　　　　　　　　　月曜日症候群

月曜日の出勤。これはこの世で一番の苦痛だと僕は思う。
変かもしれないけど、出勤したくないのだ。
頭も体も動かない、いや動かしたくない!
この症状を僕は月曜日症候群と名づけている。れっきとした病気です(真面目に)。
あなたもこの病気で苦労していませんか?
大丈夫。病気にはその薬があるものです。
僕ならの薬を教えてあげます。
まず僕は朝起きたらラジオのボリュームを大きくして
誰より先に挨拶して誰より明るい声でオフィスのドアは開けて
香ばしいコーヒーの匂いを、肺一杯に吸い込んで
そして顔には笑顔いっぱいに、ニコニコほほ笑み
そして周りに配る小さな贈り物をプレゼントしてみる
ベリーグッド〜とても良い〜
今日は月曜日、日曜日にソウルの鐘路で購入した陶器コーヒー用品を同僚にプレゼントした。うんやっぱり、僕の気持ちがより良くなる
ナイスショット〜
月曜日の朝から気分がいい
一度だけでも試してみて、今日一日だけやってみるだけ。
心を痛めずに周りに幸せの御裾分けする為に!!!

#13　　　　　　　　　即答は必要ない、必要なのは急ブレーキ

仕事をしてみると、突然、予期せぬことが発生する。
本当に戸惑うようなこともある。
間違った反応すると居心地が悪くなる。
だから変な答えが出そうになると、自動車のように
急ブレーキをサッと踏まなければならない。
気付くのは難しいが、いち早く気づいて
即停止しなければならない。
急ブレーキ踏まないと、衝突事故が起こるかもしれない。
出勤したら、朝から変な質問を僕に投げつけて来る。
僕は悟らなければならない。

愚答は絶対にしてはいけないことを。

#14 なんでもない人の対処方法

鍼灸院へ行った時のことです。針に打たれ横になっていたら、中年の夫婦が入ってきて、「この漢方薬の検証されているのか証明しろ」と六十過ぎている先生に詰め寄り、しかも今は手持ちがなから今回の治療費の1,900ウォンを次回に払うのでいいか、という場面に出くわしてしまった(動けないでの逃げれない)。また会社で、同僚の貧乏ゆすりが気になり、やめるように頼みました。彼は「気分を害した」と遠くの椅子に移り貧乏ゆすりを続けていました。後日分かったことで、彼は下請けの会社からパワハラで責められていたらしい。

これは少し前の話で。女性の同僚と会話中に、彼女のハンドバッグにボールペンの液が垂れてしまった。約2cmくらいの汚れが付いてしまいました。修理店に頼んだら10万ウォン近くかかるから弁償してとネチネチ言われ「これでボールペン液を消してね」と10万ウォンを渡しました。昨日は知人から電話がありました。彼は息継ぎなしで事情を喋りきり最後に800万ウォンだけ貸してくれと言いました。どれだけ苦労したのかどんな思い出800万ウォンを預けたか語りました。しまいには俺は金の無心をするような人間じゃないと言われた。

もう今回で三回目なのは覚えているのだろうか。

本当に僕たちの周りには、それだけの、ただそれだけのような人々があまりにも多い。ただ、まあまあ流して欲しい。彼らが特別ではありません。だからあなたが特別気にする必要はありません。

流してしまいましょう。

#15　　　　　　　　　　　　　　　　7回かける7回許す

そこまで言われるほど、たくさん僕が間違っていたことは思い出せない。
そうだ。それは嘘かもしれない。
申し訳ないいいえ、ごめん考えが行ったり来たりする。
僕は許しを求めることができるのだろうか。
許しを請わなくても生きていくには支障はないのに、
ただ、他の人のように適当に生きていこうかな。
下手に許しを請いて余計なことにならないかな、
不思議と、なぜか僕の良心が僕に話かけてくる。
良心が言う、僕を刺す、一度の許しではなく
七回かける七回も許しを請いなさい、と
僕はあなたを許すことができるだろうか？
僕か受けた沢山の侮辱と傷はひまわりより大きく笑うことができた僕を
うずくまらせた事件の数々
僕は許すことができるだろうか？
許そう、許そう、許してあげないとどうなる？
一度ではなく、七回かける七回も許してあげよう。
許してあげるのであれば、早く許してあげよう、今許そう。

パズルのような人生、難しく複雑だ、と言わず、許してあげて、許しを
請いて、生きていることに感謝をしてみてください

#16　　　　　　　　　　　　　　　　　　　　　　　　会話

会話、うーん、会話か
会話が通じない人と会話をしたことがありますか？
目も見ずに、ネットをしながら、パソコンを見ながら、キーボードを叩きながらの同僚と会話をしたことがありますか？
ネイルをした長い爪でキーボードパタパタ叩きながら、全く急いでるようには見えないのに、すごく忙しいふりをしている同僚と会話したことがありますか？
あなたよりも10歳若く、主語と動詞がなく、こそこそ避ける同僚を理解しようと、会話が全然通じないその同僚との会話を3年以上の努力してみましたか？
僕は会話してみました。
そんな同僚と本当に会話してみようと、努力しました。
胸の内がドロドロと真っ黒になっていくようでした。
一度でいいのであなたも、そんな会話をしてみてください。

別に意地悪で言っているわけではないですよ。
あなたの人生にしっかりとした厳しい師匠に出会えるから
僕は彼らを会話の師として迎えるんです。
師匠～こんな方と会話出来る方法を教えてください。
僕に会話ができるように精進をください。

#17　　　　チーム長殿、あなたの言葉は常に正しいです！

会社生活17年目、これかなあ、それかなあ、ってことを今になって分かったことがあります。

チーム長殿の言葉は常に正しい
僕がアレのことが正しいと思っていても、チーム長殿が「コレ！」と言えば、コレが正しい

新しいプロジェクトの進行は、
チーム長殿の「コレ！」がなければ進むことができない

正直に僕の方は正しいと思うけど、僕の方が正しいとしても仕事が進まないんです。チーム長殿の小さな「コレ！」が仕事の促進剤になるんです。

チーム長殿のコンフォームは千里馬よ！
不可能を可能にする逆転の代名詞よ！
プロジェクトの救世主である。

今日も僕は小さい正しいを、
チーム長殿は大きい「コレ！」を
仕事がすんなり出来るようだ。

#18　　　　　易地思之─賢人は皆同じように考えるものだ

緊急の事で報告をしたら上司はそれほどお急ぎではないようだ。
上司は決裁をするだけでいいので急がなくてもいいけど
僕は決裁を受けるために、何十回の電話をしてメールを送って確認しなければならない。
その後、急ぎの報告をしたものである。
本を書く作家はいつ終わるかも知れない文章を書くが
命をかけて文章を書く。
読者はお金出して本を買って読んで評価すると終わりだけど
でももっと、作家への配慮があればいいと思う。
いくら本代15,000ウォンを出したとしても、この本は、それ以上の価値があるから。

そうだ。受けて見た人は準備する人の心をよく理解してくれる。出来ない。立場を変えてみると、相手の事を理解することが出来る。

だから暖かく優しい言葉は必要なのである。
今日、僕はたくさん提案して断られた。
そして自分のことを振り返ってみる。
そしてある日、僕はたくさん提案を受けたら、僕は共感してあげる。そして必ず立場を変えて考えて見るから。

#19　　　　　　　　　　　　連絡もなく、返事もないですね

電話もしたし、ショートメールも送ったが
連絡もなく、返事もないですね。

忙しいだろうと考えましたが、
それでも数日間連絡がないのを見ると
この方は連絡したくないみたいですね。

この方も立場を変えてみれば、理解できるかもしれないけれど、
立場を変えてみたいと思えないですね。

実を言っちゃうと、僕は返事がなくても、回答がなくても構いません。
ただ、この方が連絡できなくて、回答できなくて、
不都合を感じることが心配になります。

時間が解決してくれるとは言うけれど、
時間だけ流れて、無駄な時間がかかりすぎると思います。
だから、僕は今日から祈りを捧げようと思います。
僕は返事を待つことができますが、
返事できないこの方のやるせない気持ちのために、

#20　　　　　　　　　　　　　　　言う勇気が出ません

あまりにも常識的過ぎて言葉を取り出しつらいですが、

当然のことであり、常識的なことなので
言ってもいいですかね。
あまりにも当然のことですが……
本当に知らないですか？　彼女だけ知らないですか？
少し考えればわかることですが、僕が言わないといけませんか？
あまりにも簡単で、当然のことなので話をするのが本当に恥ずかしい
ですね。
話すか話さまいかと悩みました。
何百回も心を痛めました。

けれど今日も言う勇気が出ません。

#21　　　　　　　　　　　する勉強じゃなくて、したい勉強

僕はやりたい勉強をすることに決めました。
一般的な大学、大学院の博士課程ではなくて、
僕が実際にしたい事を勉強します。

他の人が勉強しなくていいじゃない、と言われたとしても
僕はもっと勉強します。

他の人がもう十分じゃないか、と言われても
もっともっと勉強します。

なぜかって？
ただ僕がしたいことだからです。

#22　　　　　　　　　　　　諦めたい時に思い出す9のこと

1. 初心
2. 愛する僕の家族
3. ここまで来るために悩んで努力した数多くの経験
4. 次のための準備
5. 心が通じる人との会話
6. 周囲の助け
7. 自分との長年の会話
8. 神との約束
9. 最後に、最後まで絶対にあきらめない心

#23　　　　　　　　　　　　　僕(君)に書く手紙

僕(あなた)へ。

元気ですか？　初めて僕(あなた)を呼んでみる。こんなに長い間一緒にいたはず僕(あなた)の存在を知らなかったし、本当の僕(あなた)が好きなのも知らなかった。今からでも知ってよかった。

僕(あなた)が辛い時、慰められなかったよね。僕(あなた)が嬉しいときより喜んであげられなかったよね。今僕(あなた)が好きな沢山の人々ともっと沢山の時間を一緒に過ごそう。今僕(あなた)がこれ以上寂しくないように。いつも魂が安定して平安と喜びに満ちて生きよう。

そして僕(あなた)によく手紙を書こう。今からでも僕(あなた)に会えてとても嬉しい。僕(あなた)は素敵な人だから。

#24　　　　　この世に羨ましいということは一つもない

気分がいい日は、この世に羨ましいことは一つもないと感じませんか？
暖かい太陽の下で、片手にアイスコーヒーを持ち、
公園の小さなベンチに座って友達と談笑を交わす。

この執筆を始めたばかりではあるが、本はすぐに完成できると思えるし、
僕たち三人は作家になって、全国、全世界に巡回講演をするだろうし、
僕たちが作家になったかのように、僕たちに会う人も作家にしてあげる
だろうから。

今の気分なら、この世界に羨ましいものは一つもない。
やっぱり最高の状態というのは最高の心の時である。

楽しい想像がもうすぐ現実になる！

#25　　　　　　　　　　　　　　　　　メイクなしのキレイ術

僕はメイクをしなくてもキレイな人になることを決心した。

想像するだけでも気分が良くなり、
眺める喜びから、僕の喜びを与える存在になることにした。

僕は今日、完全ノーメイクである。
派手な服も濃い化粧も派手な話術もない。

しかし、ニコニコと笑っている顔と白い歯と
青いジーンズと白の半袖Tシャツ

そして最後に僕の率直な心と会話、
僕は今日決心した。
メイク一つせず、人々と率直に会うことに。

#26　　　　　　　　　　　　　　　　　　　　　　　　とれたて文章

僕は新鮮な文が好きだ。
良い文章はピチピチと跳ねるような新鮮さがある。
考えの中と心の中が水々しく表現された文章
僕達は新鮮な文を書くことができます。

やり方は簡単。
少しの間、じっと心の中を覗いてみて。
僕の中の作家と話をしてみる。
小さいけど、声が聞こえてくるでしょう？
あまりにも柔らかく、とても繊細な考えが浮かんできます。
僕はそれをサッと書く。
ほら、新鮮な文が出来たでしょ？

ここに、とれたての文章を書いときますね。

#27　　　　　　　　　　　　　　　　　　　　　　　　　過去＜未来

文章は誰でも書くことができます。
誰でも作家になることができ、
誰ともコミュニケーションをすることができます。

文章を書く前は知ることがなかったですが、
自分自身を振り返える時間ができるとは思いませんでした。
僕がどんなに足りてなくて、
僕にどれほど愛がなかったのか、
僕に文章を書く才能がなくて、
僕がこれほど文章を書いて伝えたいことがあることを

そして最後もう一つ知ることがありました。
できないという全てをもっと愛するようなり、
嬉しい気持ちが心から湧くようになって
作家の卵たちとの会話が盛りあがった。
過去の反省を通して、明日を生きるようになりました。

未来は忙しすぎて
過去は何の意味もなく。
僕は今が重要で、未来を夢見ている。

#28　　　　　　　　　　　おい、お前なんて名前じゃない

人の呼び方が本当に重要じゃないって？

呼び方が負担になる時ってありますよね。
それなら、美味しい食べ物のように呼び名を楽にしてみてください。

呼ぶ人、聞く人が楽な呼び名でいいと思います。
呼ぶ人だけ良く、聞く人が嫌なのはよくありません。

呼ばれたとき気持ちよく、
聞かれたとき呼んだ人が気持ちいいのが、良い呼び名です。

#29　　　　　　　　　　　　　　　　　　　　こんにちは！

出勤して挨拶もまともにできない君が
どんな仕事ができると思いますか？
この世界で最も貴重な単語の一つは
僕は挨拶だと思います。

挨拶は何かを始める前の心構えであり、態度であります。
運動で言えば準備運動であり、
食事で言えば、テーブルに座ることです。

しかし、仕事はするものの、その簡単な
挨拶一つろくに出来ません。

だから挨拶は積極的であり、
心からでなければなりません。
挨拶はいくら考えても良いもので、とても必要なのです。

いつも挨拶していない君に
今日も僕からが先に挨拶しますね。

こんにちは！

#30 ただを嫌がらないでみて

ただ嫌だ、と話をする人は、
他の人もあなたを嫌っているかもしれません。

嫌なら、なぜ嫌なのか、何が辛くて、何が不足しているのか
話をしてくれないとわかりません。

ただ嫌なのは人生では反則です。
なんの理由もなく嫌なのは
あなた自身を嫌うもので
相手のせいにすることです。

ただを嫌がらないでみて
ただ好きでいてみて欲しいです。

そうすると楽しい一日が始まって、
幸せがやって来るんです。

#31　　　　　　　　　　　　　　　　Oh〜多様でいいです！

これからの競争力は、多様性にある！

僕たちは、異なる環境で育って、異なる文化に慣れて、異なる考え方の為にどれほど苦しんできましたか？　家庭で、職場で僕たちは異なる文化を楽しめず苦しんでいます。
世界最高の都市や世界最高のグローバル企業では、
どのようにして多様な文化を持った人々が調和を持って生活しているのでしょうか？
どうやって世界的な都市、ニューヨークやパリに多様な人種が
集まって暮らせるのでしょうか？

基本的には、様々な人々が集り自然的に作られる生活習慣や価値観がより偉大さを作ることができるという前提の元から出発します。僕はあなたと違うけとそれは「間違い」ではないこと、自分の欠点が補完されて成長されていく長所があるのです。

もしそうなら、今日僕は僕と違う人の為にどうして辛い思いをしているんだろうか？
いや、今日僕は僕と違う人がいてその異なる点のおかげで、より成長して内面は深まり華麗になる。

#32 　　　　　　　　　　膨らんだ不愉快をしぼませてみて

不愉快な気持ちが膨れ上がると
あ〜不愉快が膨れてるねと
その不愉快がまた一段と膨れ上がろうとする
その時、僕は深く、深呼吸します。

もう、一度

不愉快な気持ちが膨れ上がると
あ〜不愉快が膨れてるねと
その不愉快がまた一段と膨れ上がろうとする
その時、僕は深く、深呼吸します。

また、一度

不愉快な気持ちが膨れ上がると
あ〜不愉快が膨れてるねと
その不愉快がまた一段と膨れ上がろうとする
その時、僕は深く、深呼吸します。

そうすると、心が少し楽になります。

#33　　　　40代の男性三人が書く事を無視しないでください
－ 40代の新しい遊び文化、異なるを共感して、一緒に文書を書く

SNSで会話して。直接会って話をすること以上に心を込めて会話しています。小さなスマートフォンの画面を介して無料で見ることができる文章だからって無視しないでください。
毎週月曜日40代の男性三人の新しい遊び文化を作って見るために本を書くことにしました。

コミュニケーションは、ブログとSNSにしているが、今年の秋にこの本は出版されます。もちろん出版費用は各自の貯金から積立金を崩してから出版資金を作ることにしました。

本を出版するその日を考えると、無かった力も湧き出て
辛い人間関係もさらさら解ける。僕たちの40代の遊び文化が健全に
大韓民国を越えて全世界に広がっていくことを願います。
今年の秋は、韓国語出版を目的にしてあり、来年には、英語版を
出版する予定です。だから僕たちを助けてください。
僕たちの超低姿勢でうずくまりながら文章を書いています。
足が痺れてきた。

#34　　　　　　　　　　　　　変態同僚はいかがですか？

変態同僚はいかがですか？
約束の時間にいつも遅れ、書類は常に間違い、
リアクションは無愛想であり、
世界は自分中心に動いていると思い、
偉そうにしているけど、本当に偉いと勘違いしている、
もしかして、こんな同僚いりますか？
必要なときに経験がないからというし、少し余裕が出てきたら
また、偉そう。重役出勤で昼食には常に時間に多めの余裕を持たせ
退社は少し前倒しである。
心がなく偽物のように無愛想な言葉と行動をしている、

もし、このような同僚が働くところがあればいいですが、
どこかで必要なところがあればいいですが、

僕、そんな人よく知っています。
だから、僕の心が痛むのです。
うまくやってみようとして、今は傷だらけになりました。

こんな同僚が必要な方はぜひ連絡ください。
変態同僚を分け合いましょう。

#35　　　　　　　　　しばらく一人にさせて頂きます！

しばらく一人にさせて頂きます。
木陰の下でしばらく座っていたいと思います。
頭が痛い考えを整理して
ただ口元に笑みを浮かべたい。

少しだけ一人でいると、心が軽くなるような気がします。
重いと思っていた肩に乗った沢山の荷物が軽くなるような気がします。

そして感謝が溢れ
喜びもたくさん生まれます。
笑いも増えてきて
お喋りもさらに増えてきて
先に挨拶して、先にハグして、相手に近づくと思います。

しばらく一人にさせて頂きます。//
よろしいでしょう？

#36 　　　　　今日一つだけ守りたいものはどんなものですか？

今日一つだけの守りたいものはどんなものですか？
僕は、僕の心を守りたい。

僕の心を守ることがどれほど高価で貴重なのを知っているからです。
僕たち生きているこの時代は、理由もなく忙しく、やたらと緊張して、自らを振り返らずに、お互い批判する。

僕は、僕の心を守りたい。

僕の心を守った後は、湖のように穏やかでいたい。
そして日差しのように暖かくなりたい。
薄暗い夜空の星のようにキラキラと輝きたい。

#37　人生はセレンディピティ！ Serendipity

人生を一つの単語に縮められますか？　一度してみましょうか？
偶然、非計画的、幸福、成功、大当たり、関係、勇気、愛
と言ったところじゃないでしょうか？

セレンディピティはどうでしょう？
今、僕はここにいるのは、100％偶然である。
全く予想していなかった。
今、僕が会っている人との縁は、
全く計画していませんでした
僕が作っていないのに愛のエネルギーも心の中から込み上げてくる。

人生はセレンディピティ、トキメキです。
今日、どんな偶然を広げられるだろうか？
人生はセレンディピティ
今日も予期せぬ沢山のことを前にして喜びと歓声で拍手を送りたい！

#38　　　　　　　人生の中でこれだけは毎日やってみたい！

毎日が同じ日常でもこれだけはやっていたいのがあります。

僕と志を同じくして、魂の話を交わし
沢山与えても、まだ与えたい人と一緒にしたいと思う。

なぜ子供の頃は知らなかったのだろうか、なぜ一人でしようとしたのだろう？
辛くて問題が生じても、不協和音が生じても、
結論はいつもシンプル、良い人と一緒にいなければならない。

一人で走るレーシングカー。
競い合う相手がいないと意味のないレースと同じである。

時にはお互いの意見が違っても、誤解があっても、激しい裏切りがあっても一緒に歩まないといけない。
再び回復しなければならない。
お互いの心行くまでの話をしなければならない。
コミュニケーションは生命だから、僕は今日も生命力あふれる会話を待っていて、生命力がある会話を試みるのだ。

#39　　　　　　　　　　　シンクディファレント、Think Different！

スティーブ・ジョブズが「シンクディファレント」と言ったときは、
その言葉の真意が理解出来なかった。
ただ「別の方法で考えなさい」と他人の人生を生きず
あなたの人生をしっかり生きなさい、という言葉
言葉のまま理解しただけで、そこに込められた
魂の叫び、ソウルまで理解していなかった。

人生の困難を前にして、「別の方法で考えること」という言葉が
どれだけ大きな慰めを与えていたかわからない。
僕にどれだけ大きな勇気を与えてくれたか、測りきれない。
そう、同じ状況でも異なって考えなければならない。
他人の人生ではなく、完全な僕の人生で生きていくためには、
別の方法で考えなければならない。

今日も多くの事件、事故の前に僕は別の方法で考えて
別の方法で述べて、別の方法で行動する。
そして、僕の全ての良いことは、小さな砂のように
キラキラ輝くだろう。

#40 苦痛の包装紙

苦痛の包装紙の中には祝福があるのに、多くの人は、
苦痛の包装紙だけを見てゴミ箱に捨てる。

僕は苦痛という包装紙を慎重に開いてみようと思う。
苦痛の過程も感謝して受け入れようと思う。

苦痛の包装紙の中に祝福という贈り物が隠されているという信念で、
この痛みが終わった後は、大きな喜びが待っていると信じながら。

#41 これまでの職場は？仕事は？はかどっていたかって？

もどかしさで苦しいです。
他のチームとのコミュニケーションは、常に難しかったし、
一緒に働いていたチーム長殿らはいつも心配が多く
公共機関長殿、社長様らは従業員の為と言っていたが、
最終的には本人のために働いていましたよ。

じゃあ、これからの職場生活はどのようにするのかって？

何よりも、常にコミュニケーションを取ろうと努力するだろうし
周囲の方々に食事を奢り与えることを楽しんでしますし、
一緒の職場のチーム長殿を心安らかにして差し上げたいし、
機関長殿、社長様が従業員を信じて働くことができるように
僕が最初に心に努力させて頂きます。

けれどこれって可能なのでしょうか？
一人では当然できないですね。
ご一緒にやってみますか？

#42　幸せだった事は数え切れないほど多く、不幸な事は数えるほどしか少ない

何かを数えることができないということは、膨大な量を意味する。
僕の人生の幸せを数で数えてみなさいと言われたら、数えられるのだろうか。
一、二、三……百、千、十万、百万を越えても
数え切れないほど多いじゃないか。

次に、不幸なこと数で数えてみなさいと言われたら、数えられるのだろうか。
必ず数えられそうだ。
ある程度、数えたらもう数え終わってしまった。
すぐ数えられた。

では、僕は幸せな人なのかな？　不幸な人なのかな？
言うまでもなく僕は幸せな人だと断言できる。
理由は、数え切れないほど幸せなことが多かったからである。

#43　　　　　　　　　　　　　こんなコミュニケーションをしたい

ありのまま認めること、愛に包まれて生活すること、
喧嘩しないこと、すねないこと、
カッとなって怒らないこと、頻繁にコミュニケーションをとること、
諦めず絶えず努力すること、寂しがらないこと、
自分の行動の先を見ること、
諦めず最後まで助けること、
絶対に相手を窮地に追い込まないこと、
自分勝手に変えないこと、
一応は丁寧に説明してあげること、
小さなリアクションも必ずしてあげること、
先に挨拶すること、先に言葉をかけること、
気持ちよく待ってあげること、
見えるものと隠された意図を肯定的に理解すること、
勇気を持つこと、優柔不断でも最後はしっかり行動すること、
今すぐすることと余裕を持って行うことを区別して処理すること。

#44　　　　　　　　　　　　　　春川行きの列車で

45年を生きてきて、最終的に重要なことは自分自身だということに気づきました。どんなに良いことも、どんなに悪いことも、最終的に受け入れるのは僕だから。
悪い環境のせいよりも、良いことに高慢で怠惰になることよりも、成長しようと努力してみる。成長しようと支持してそして応援する。
周囲の視線は重要ではないし。周りにいた沢山の人々は、今僕の側にはいません。
本当に重要なのは自分自身が自分とどれだけ仲良く過ごすか。
周囲の人に良い支援を、良い刺激を与えることができるかだと思います。
今日も僕の魂が快適に過ごせるように、良い考えを沢山して祝福の言葉を交わし福来たる一日になりたい。

#45　　　　　　　　　　　　　　　　　　**痛みまで愛してみる**

痛む前に知っていたら
幸せだったろうか？

こんなに心が痛むこと知っていたら
どうしたらよかったのだろうか？

痛みを知って悟った。
世の中には喜びと幸せがあふれていることを

傷みを知って悟った。
僕が誰なのか、あなたが誰であるのか
僕たちはどうゆう生きるべきか

痛みは悲しみではなく
成熟と成長の時間ということを
痛んでから悟った。

だから、僕はこの痛みまで愛することにした。

#46　　　　　　　　　　　　　別れを準備する姿勢

今日は楽な服を買いました。
腰と足が楽でゆったりとした茶色のパステルの水色ズボン
半袖シャツ、かかとが楽な靴を

心も準備しました。
愛と自由を与えることで
成長する為に、干渉よりも自由がいいのは十分に知っているから、痛みが過ぎ去った後に、もっと大きな喜びが来るのは知っているから

あとは、最後のメッセージだけを準備すればいい。
これまで大変だった？　本当に大変だったよ。
僕が苦しめたんだ、僕があなたの心を
あなたの小さな声を聞いてなくてごめん。
これからは幸せに生きてほしい。健康で、幸せに、後を振り返らずに前だけ見て、生きて過ぎ去った日より、残りの日がはるかに多いのだから

僕たちの出会いはもっと素敵な始まり為のハッピーエンドだよ。
心からありがとう。

#47　　　　　　　　　　　　　　　　　　　　愛のコンタクトレンズ

愛のコンタクトレンズいかがでしょうか？
ルーペ、乱視用の眼鏡、サングラスの代わりに
愛のコンタクトレンズはいかがでしょうか？

相手のつらさを事前に感知して
私は事前に配慮してあげられる、
相手のありのままを認めて
人生を幸せにしてくれる愛のコンタクトレンズ

一度心にそのレンズを装着すれば、一生擦り減らない
生涯使用可能な愛のコンタクトレンズ
時々発生するであろうアプタサビースは
感謝を忘れない気持ちと相手をより認める心

愛のコンタクトレンズをご希望の方はご連絡ください。
今回だけ特別にあなたに送って差し上げましょう。

愛のコンタクトレンズを既に着用された方にお会い出来たら
私にも紹介してね。
そんな方がいらしゃるのであれば、地球の果てまで走って追っかけますよ。

愛のコンタクトレンズ、最高ですね。
私たち、一緒に着用しませんか？
愛のコンタクトレンズ
とても心が豊かになり、生きることが幸せになりますよ。

#48　　　　　　　　　　　　　とにかに生きていかなくちゃ、

とにかく生きていかなくちゃ。
息が切れ
元気がなくなり
また、失敗しても
また、挫折しても
また、生きるつらさが押し寄せて来ても
また、予期せぬ不安が押してきても
とにかく生きていかなくちゃ。

どんな手段を使ってそして方法を選ばず
とにかく生きていかなくちゃ。

何とか生きていれば
過ぎ去った過去が
あらかじめ計画された祝福であることを知るようになるだろう。

その痛みがいつか宝石のように輝いて
全身で感じる日が来るだろう。

だから私の愛と一緒に
私の助けが必要な場所を見つけて
とにかく生きていかなくちゃ。
どこにいようが、素敵生きていかなくちゃ。

#49　　　　　待つこと-それは眩しくて、そして美しい。

待っている、これほど美しい言葉はあるだろうか？
どんな見返りも望まず
愛を信じて待っている心
どれほど心が痛くて切ないか誰も分からない。

愛しているから、だから待っているのだ。
胸がえぐられる痛みで倒れそうになっても
あなたよりも私が痛む方がいいからだから私が待っているのだ。

待つことを学ぶのは、友人の話や本を通じた経験ではなく、
自らの経験を語り、その待つことをしてみると
どれだけ待つことが痛くて高貴で偉大なのか分かが分かった。

愛する心でで待っていること
許す気持ちで待っている心
より深く、より広く愛してあげようと待っている心

待つことの果てには愛と許しよりも、もっと大事な、貴重な
より大きな愛と、より深い心が待っているという信念

ご一緒にいかがでしょうか？ぜひ一緒にやりましょう。

#50　　　　　　　　　　　　　　　絶対諦めない人生ゲーム

悪い妖精が生きつらくする。
悪いことが仕事をしんどくする。
悪い人間性を持った君が一番嫌いだ。

意地悪同僚が意地を張り始める、
嘘までついてそして無礼過ぎる。
その悪さをトリプル、ツイストアクセルとも呼びたい。
これを交わすにはとても高難易度の技術でもある。

絶対諦めない人生ゲーム
一、二、三、四

友人が詐欺を働く。
また、誰かがほらを吹く。
人々が理由もなくすね始める。
若い人は若さを盾にして高慢に近く、
年寄りは年を取ったことを武器に押し付ける。

絶対諦めない人生ゲーム
一、二、三、四

会社では良い人がひとり、二人、三人と辞めていく。
会社で毎日遊んでいた、仕事を台無しにする人は昇進と
認めてほしさと自分を褒めてほしいと、周りの人を苦しめている。
偽った情報を流し混乱を起こし
昔話で会社を分裂させる。

絶対諦めない人生ゲーム
一、二、三、四

愛する時間も足りない世の中
絶対諦めないぞ。
無限に肯定して生きていくのだ。
もっと愛していくよ。

あなたたちがいくら偽りを真実だと言い張っても
真実は変わらない。真実は必ず明らかになる。

絶対諦めない人生ゲームを今日もしている。

ユン ホジョン　作家の感謝のメッセージ

僕の心を文章で書くことが似合わないと感じたことが多かったように感じました。不足もたくさん感じました。しかし、その中でも、感謝と喜びがあふれることを知りました。僕は人生の中で倒れたとき起こしてくれた、朴ジョンミン、キム・ヨンジュン先輩に感謝をぜひ伝えたい。あなた達のおかげです。この世界で最も、愛するユンソンユルと人生の師であり、メントの家族や友達に祝福のメッセージをお届けしたい。資格がない僕にチャンスをくださった神様にすべての栄光を回します。

尹成化（ユン ソンファ）姜仁恵(ガン イネ)
ライフアーティスト絆創膏を翻訳してみて

転んだら傷ができる、そして絆創膏を貼る、しばらくしてかさぶたが出来て絆創膏を外すと傷の処が治っている。しかし、人の言葉に傷ついたら、心に貼る絆創膏はない。

この本を翻訳して、たくさんの人が人との繋がりで傷ついた時に立ち直りにくい人へのメッセジーを出してくれたことに感謝する。そして作家も心に傷を負っていてことで心を痛めたが作家は自分で立ち治ったことを皆で分かち合いたいとの気持ちがひしひし伝わったような気がする。